Mulheres
fora de série

Copyright© 2019 by Literare Books International.
Todos os direitos desta edição são reservados à Literare Books International.

Presidente:
Mauricio Sita

Vice-presidente:
Alessandra Ksenhuck

Coordenação editorial:
Patrícia Gonçalves (Cocriarte Produções)

Capa, projeto gráfico e diagramação:
Gabriel Uchima

Revisão:
Camila Oliveira, Káritta Cristine Gonçalves Souza e Rodrigo Rainho

Diretora de projetos:
Gleide Santos

Diretora executiva:
Julyana Rosa

Relacionamento com o cliente:
Claudia Pires

Impressão:
Impressul

Dados Internacionais de Catalogação na Publicação (CIP)
(eDOC BRASIL, Belo Horizonte/MG)

M956   Mulheres fora de série / Coordenação editorial Patrícia Gonçalves. – São Paulo, SP: Literare Books International, 2019.
16 x 23 cm

ISBN 978-85-9455-194-8

1. Empreendedorismo – Mulheres. 2. Liderança. 3. Sucesso nos negócios. I. Gonçalves, Patrícia.

CDD 658.4092082

Elaborado por Maurício Amormino Júnior – CRB6/2422

Literare Books International Ltda.
Rua Antônio Augusto Covello, 472 – Vila Mariana – São Paulo, SP
CEP 01550-060
Fone/fax: (0**11) 2659-0968
site: www.literarebooks.com.br
e-mail: contato@literarebooks.com.br

Mulheres
fora de série

Dedicatória

Dedicamos este livro a todas as mulheres que, assim como nós, coautoras, enfrentaram desafios, superaram adversidades, quebraram paradigmas, se reinventaram e se reinventam todos os dias com garra, força, determinação, coragem e com a certeza de que as histórias de todas nós podem ser melhores todos os dias, além de serem um canal de transformação de vidas para tornar o mundo melhor. Às mulheres que estão passando por momentos desafiadores, difíceis de serem superados e, também, às que ainda não descobriram ou reconheceram o poder infinito das "mulheres fora de série" que existem dentro de si mesmas.

Prefácio

Mulheres são fora de série.
É incrível o poder inspirador que as histórias podem fazer com nossas vidas. Acompanhar exemplos de superação ou transformações nos leva a acreditar ainda mais em nosso potencial, buscar e conquistar nossos sonhos e transformar situações ou até mesmo realidades.
As mulheres têm essa capacidade de se colocar uma no lugar da outra e partir para os desafios, e nada melhor do que lições de coragem e sabedoria que encontraremos nestas páginas.
Neste livro vamos conhecer mulheres que já estão fazendo acontecer. Em *Mulheres fora de série*, podemos acompanhar a história de vida de 14 mulheres que superaram grandes adversidades, quebraram paradigmas, sonharam, persistiram e trabalharam, tornando seus sonhos realidade.
Espero que a leitura da obra faça com que essas mulheres transformadoras apresentadas aqui possam servir de exemplo e inspiração para muitas outras que têm potencial e, certamente, estão fazendo acontecer em suas áreas de trabalho e na sociedade.

Luiza Helena Trajano
Presidente do Conselho de Administração
do Magazine Luiza e do Grupo Mulheres do Brasil

Apresentação

> Uma mulher não nasce fora de série.
> Ela se torna fora de série.
> **Patrícia Gonçalves**

Independentemente da nossa classe social, meio que convivemos, família em que nascemos, relacionamentos que nos envolvemos, somos únicos e isso, por si só, é um grande motivo para escolhermos a vida que queremos ter ou não. Nós fazemos as nossas escolhas e ninguém pode fazê-las por nós. Ninguém pode escolher a vida que você quer ter. Imagine se o ar que você respira, a fé que tem, a família em que nasceu, seus sonhos, talentos e qualidades fossem escolhidos por outra pessoa. Como seria? Como se sentiria?

O caminhar da sua estrada e da sua jornada são só seus.

Quando distinguimos entre o certo e o errado dentro do nosso contexto de vida, situação atual, aonde queremos chegar e nos conhecemos verdadeiramente, somos capazes de perceber que dentro de cada um existe algo excepcional, singular, diferente. Nem todas as pessoas conseguem enxergar isso, pois exige um mergulho mais profundo chamado autoconhecimento. É lá onde moram todas as nossas grandes descobertas e recursos para vivermos a melhor versão que podemos ser todos os dias.

Eu, assim como as coautoras deste livro, não sabíamos que nos tornaríamos mulheres fora de série, capazes de superar tantos obstáculos que surgiriam pelo caminho e vencê-los com supremacia, continuarmos de pé e, hoje, ajudando tantas pessoas a terem uma vida digna, respeitada, reconhecida e inspirar os outros a serem melhores todos os dias. Quando eu falo "tornar-se" é porque não existe nada que comprove essa predisposição, isso não vem da genética – como eu disse, podemos nascer em meio a uma família com conceito de vida totalmente diferente da que temos, nos sobressair e escolher histórias diferentes enquanto indivíduos.

O termo "fora de série" significa, em seu sentido amplo, "fora do padrão, feito sob medida, que não é produzido em série, muito acima da média, superior em seu gênero, surpreendente, excelente, singular, excepcional, fora da curva, incomum".

Mas, o que faz uma pessoa ser considerada fora de série?

O que a torna fora de série são suas decisões em meio às adversidades, a forma como se supera diante dos desafios, as escolhas que faz em sua vida, o caminho que percorre para alcançar o que quer e, mesmo que a situação ou o tempo não estejam favoráveis, a forma como se reinventa, se refaz e ressurge, assim como uma fênix, mostrando que todos nós somos capazes de conseguir tudo o que quisermos ou superar qualquer situação se simplesmente mudarmos o nosso *mindset*. Uma pessoa fora de série escolheu deixar a sua impressão no mundo diariamente, mesmo que a sua história tenha sido marcada por muitos dissabores e uma vida sem perspectivas.

O livro *Mulheres fora de série* é uma antologia que reúne histórias de mulheres assim, totalmente fora do padrão, que superaram desafios, quebraram paradigmas, deram a volta por cima, "sacudiram a poeira" e hoje ajudam outras pessoas, entre elas mulheres, a fazer o mesmo, pois sentiram na "pele" o que muitas sentem hoje e não sabem como superar. Elas deram a volta por cima e estão aqui para ensinar todas as pessoas, em especial às mulheres, a como fazer de "um limão, uma limonada" de forma diferente.

Aqui, você encontrará histórias reais sobre autoaceitação e superação de depressão, como viver melhor, ao invés de sobreviver diariamente, a reinvenção de si mesma quando não existe saída, como a saúde mental interfere na saúde física, maneiras de equilibrar a sua vida pessoal e profissional no mundo atual, o caminho entre a felicidade e o sucesso, formas para comunicar-se assertivamente nos negócios, gerenciar crises e promover o diálogo, como superar preconceitos sendo mãe solteira e criar os filhos com firmeza, o posicionamento como princípio para o alcance do sucesso, como ressignificar o seu passado e se programar para vencer, ser uma pessoa integral, a partir da autodescoberta e fortalecimento de identidade, a importância do sagrado feminino nos relacionamentos, alteração

Apresentação

de uma vida sem perspectivas para uma de conquistas e empreendedorismo, além da superação de preconceitos e do racismo na área da beleza. Tudo isso dentro da multiplicidade de papéis que toda mulher possui e que a faz ainda mais especial.

Se você está em um momento desafiador na vida e não encontra saída, este livro é para você. Se é uma pessoa que já superou muitas adversidades e gostaria de se fortalecer ainda mais, também. Mas se conhece alguma pessoa que tem histórias semelhantes às abordadas aqui e ela não é você, eu a convido a presenteá-la com esta obra, pois pode ser a resposta que essa pessoa sempre procurou e nunca encontrou.

Faça a vida valer a pena! A escolha está em suas mãos!

Patrícia Gonçalves
Coordenadora editorial
Presidente da Cocriarte Produções

Sumário

Andrea Larrubia
A cura pela arte da autoaceitação 15

Cheila Parente
Sobreviver ou viver? Faça a sua escolha 23

Daniele Pomari
Não deixe a sua panela vazia. Reinvente-se 31

Gilce de Abreu Santos
Eu tive câncer, mas o câncer não me teve 39

Juliana Santana
Faça o tempo trabalhar a seu favor 47

Luciana Saroba
Sou mãe de uma criança especial.
E isso me faz também especial 55

Marilene Gonçalves
Mãe solteira não, mãe 63

Monique Lopes Borges de Melo
Comunicação como habilidade essencial para
negócios, gerenciamento de crises e promoção
do diálogo 71

Patrícia Gonçalves
A vida que deseja se realiza
quando você se posiciona..79

Regiane Martins
O seu passado não é o seu futuro,
programe-se para vencer...87

Tania Lima
Autodescoberta, fortalecimento de identidade
e a busca pela integridade do ser......................................95

Tatiana Leite
A importância do sagrado feminino
nos relacionamentos..103

Tudy Vieira
Eu tinha tudo para dar errado, mas descobri
que o controle estava em minhas mãos..........................111

Walkiria Jardim de Barros
Quebrando preconceitos
no mundo da beleza..119

Capítulo 1
A cura pela arte
da autoaceitação

Andrea Larrubia

Mulheres fora de série

Andrea Larrubia

Tecnóloga em Turismo - Senac Águas de São Pedro, Coaching Comportamental Evolutivo - Instituto Edson De Paula, Coaching com Psicodrama - Potenciar Consultores Associados, Barra de Access - Access Consciousness®, MTVSS — Access Consciousness®, Reiki níveis I, II e IIIa - Senac e Luminar, Canto Lírico (cursando com Jan Szot), Piano (iniciação), Curso Desverbalizar — Mímica e Palhaço, A Arte do Riso — Palhaçaria, Curso A Arte de Contar Histórias - Senac Águas de S. Pedro, Dança (Salão, Cigana, Balé — iniciação).

Contatos
andrealarrubia@outlook.com
Instagram: andrea_larrubia
Facebook: Andrea Larrubia

A cura pela arte da autoaceitação

Você já sentiu uma dor profunda? Já teve a sensação de não ter ânimo, de que a vida se tornou pesada? Já viu tudo sem cor e percebeu que não tinha alegria para nada? Ao estar assim consigo e com o mundo, já se incomodou com o que via diante do espelho? Com o que você é? Já deixou de reconhecer que tem potencialidades?

Repensando a minha vida, fica mais fácil responder a essas perguntas, pois de algo ruim pude tirar algo muito maior, que jamais imaginaria que um dia pudesse acontecer. Eu não tinha uma boa imagem de mim e isso me fez prisioneira do meu próprio mundo, por muitos anos. Hoje, posso dizer que estou no meu caminho, em direção a uma vida mais leve, mas nem sempre foi assim tão tranquilo.

Na minha adolescência sentia um vazio, uma falta de sentido na vida, e a vontade de morrer era constante. Por ter sofrido *bullying* na escola, entre os meus 14 e 15 anos de idade, não consegui construir a minha autoestima e confiança, o que despertou um sentimento de rejeição pelo meu ser e pela minha vida.

Era como se eu tentasse subir na ponta de um abismo, pois era exatamente isso que eu dizia e sentia. Fiz tratamentos psicológicos e psiquiátricos, tomei medicamentos fortes indicados durante o tratamento. Foi um caminho longo, de anos, em cada uma dessas etapas, até ser diagnosticada com depressão. Lembro-me de pedir a Deus uma maneira de sair daquilo tudo; daquela dor e da vontade de morrer. Sentia-me perdida e sem forças.

Sonhava em ser cantora e encontrei ali a minha vocação para a música, sendo essa uma grande paixão. Era uma pontinha de esperança de algo bom que havia em mim, mas não era o suficiente para me impulsionar, no entanto, deixei-a guardada ali comigo, sonhando em cantar e continuei estudando.

Aos 32 anos, criei alguns contos, após assistir ao filme sobre a vida da Beatrix Potter. Comecei a escrever contos infantis, movida por esse amor pelos meus animais, pelo que eu trazia dentro de mim, pelo desejo de viver em unidade, fazendo o bem comum, que conheci no Movimento dos Focolares.

Nesse momento, tive o primeiro impulso de deixar o meu legado ao falar do amor de maneira concreta, da unidade, ensinando as crianças e o leitor de cada história a viver essa realidade, que é possível para todos e com todos! E veio outro sonho: ter esses contos em outros idiomas, *audiobooks*, *e-books*, livros!

Depois de escrever contos, saí um pouco do universo infantil e comecei a produzir poemas. Achava de pouco valor, já que são de uma linguagem e configuração muito simples, mas, quando as pessoas liam, conseguiam se sentir no lugar em que eu estive e, como toda arte, não dá para medir o que o outro sente e o que pode acontecer a partir dali. Assim, mergulho neles, escrevendo-os, quando preciso exteriorizar algum sentimento.

Mesmo com essas atividades, ainda me encontrava perdida, pois qualquer coisa me desmotivava. Eu não acreditava em mim, apesar do dom extraordinário que tinha e por ser apaixonada pela música e querer escrever. Os meus desejos eram, ao mesmo tempo, intensos e desanimadores, pois acreditava que isso jamais seria para mim, embora acontecesse com muita naturalidade.

Aos 35 anos, conheci o *coaching*. Decidi, então, fazer a minha primeira formação. Vendo quais eram as minhas crenças limitantes, fui me moldando em como realmente gostaria de ser e viver, tirando significados de coisas simples, como caminhar descalça num parque, estar à beira do mar. Explorei os meus sentidos: olfato, audição, tato, e fui me reconectando à natureza, o que foi me trazendo a sensação de bem-estar, de vigor, de paz, comunhão, que eu tanto precisava.

Sentia o amor profundo pelos meus cachorros (minhas crianças, como eu os chamo), a minha alma foi sendo preenchida com uma troca, uma vivência sem julgamento, apenas com o amor entre seres tão diferentes. Foi um lindo presente, impossível descrever tudo em poucas palavras.

Continuei buscando o meu desenvolvimento pessoal, a minha cura pelo autoconhecimento, e fiz a segunda formação em *coaching*, aos 37 anos, o que mudou completamente a minha vida. Comecei a olhar para o outro sem julgamento, a trabalhar com pessoas, para que elas encontrassem um propósito de vida e alcançassem as suas metas.

Era algo que parecia ser um raio de sol surgindo como esperança para um sentido maior, ou seja, ao mesmo tempo, uma missão e uma forma de trabalho para mim.

Em meio a tantas descobertas, pude perceber que os meus talentos não precisavam ser um ou outro, mas poderiam ser vários e todos eles estavam interligados e me levaram a um só: a arte. Pulsavam em mim a escrita de poemas e contos; a unidade de contribuir para deixar o ser humano melhor; a música que continuava a me mover para o meu sonho de cantar.

Então, comecei a aprender o canto lírico, e dali veio uma surpresa que eu jamais imaginaria: poder cantar árias de ópera. Fui me empoderando e me alegrando com cada passo, cada música aprendida, a cada técnica sendo assimilada. Tudo isso era uma conquista imensa, já que nunca havia sonhado em ter uma extensão vocal tão grande e nem cantar músicas tão elaboradas, como são as do canto lírico.

A música me trouxe um presente: a dança. Na dança de salão, e em outras pelas quais fui me encantando, sentia uma alegria, um preenchimento. Era uma sensação de movimento, de impulso para viver, sonhar, e ir mundo afora.

Resolvi fazer uma sessão de fotos, pensando nessa alma que pedia para dançar. Ali aconteceu a minha reconciliação e aceitação com a minha imagem e reconheci ali as minhas potencialidades, e o quanto o movimento me fazia sentir bem e amada por completo, me conectando com a minha origem, aceitando a minha ancestralidade, me vendo com uma beleza única!

Nessa sede por dançar e aprender sobre ela, assisti a um espetáculo de tango e voltei nesse mesmo local para ver uma apresentação de palhaço chamado Bronislaw Setembrochov em Concerto. Fui num outro dia, sem pretensão alguma, e pensei:

– "Ah, palhaços, aqueles que eu via no circo quando pequena. Quero assistir."

Ao vê-lo numa primeira vez, ri muito! Fui numa segunda, terceira vez e, mesmo sabendo como seria, me diverti como se fosse algo novo. A partir dali, fiz uma oficina de palhaço. O que pode ter isso de tão especial? Tudo! Essa foi a fortaleza que encontrei para um dos momentos mais duros da minha vida. Permaneci de pé diante da cena trágica, dolorosa e difícil de ver o meu avô morto por suicídio.

Por esse motivo, hoje faço trabalho voluntário como palhaça em hospitais, que é uma experiência rica e única de amor com os pacientes! Consigo ser leve e brincar, o que faz toda a diferença no viver sentindo felicidade, bem-estar. O meu avô trazia e o meu irmão com síndrome de *down* traz esse "brincar" o tempo todo. Talvez fosse um sinal, mas teve a sua hora para florescer.

Eu continuava na minha busca por algo maior, que me trouxesse soluções e que pudesse manter o prazer de viver, que eu começara a sentir e encontrar respostas em cada curso que fazia. Então, conheci a terapia quântica, pois ela poderia melhorar de vez a depressão, ansiedade e trazer outros benefícios para a minha vida. Interessei-me e fiz dois cursos para aplicá-la em outras pessoas.

Foi com essa terapia quântica que me curei da depressão. Eu estava num movimento comigo, com a vida, e a cura que eu tanto queria veio quando estava indo para um trabalho voluntário, dirigindo numa estrada de terra, repleta de árvores.

Quando se tem depressão, em momento nenhum deve-se parar o tratamento, seja psicológico, psiquiátrico, com uso de medicamentos. Aquele era o meu momento. A cura aconteceu. Apoderei-me dela!

Tive experiências de cura com outras pessoas com as terapias, de relato de desistência de um suicídio, de melhora e consciência de precisar tratar a ansiedade, e muitos outros relatos de pacientes. Antes, eu era a pessoa descrente disso tudo, pois acreditava no que os meus olhos podiam ver. Abri-me e, com as terapias, identifiquei outro legado: da cura e do amor.

Como missão e propósito de vida, me disponho a ser canal e instrumento para tocar e sensibilizar cada dia mais pessoas, com o intuito de que elas possam acreditar em si, vencer dores como as que passei, passando a acreditar e crer em tudo que somos e podemos realizar, mesmo se estiverem vivenciando algo como a depressão. Quantas vezes olhei para os dons que citei e quis desistir.

Hoje, vejo que, a cada passo dado, fui construindo a minha confiança e fortaleza. Aprendi a comemorar cada pequena conquista, por menor que parecesse, vendo-me com olhos de compaixão e não com uma cobrança dura e rígida.

Dessa maneira, sendo mais leve, pude olhar não apenas para os meus sonhos na arte, mas me abrir para áreas novas, como o *coaching* e as terapias, que deram um sentido maior, deixando claro o meu legado: levar o amor (unidade) e a cura (alegria).

Abri-me para as perguntas e para as possibilidades, não me fechando no meu querer. Citei tantas surpresas que vieram naturalmente. Muitas demoraram alguns anos, aqui é só um resumo de como trilhei o meu caminho a partir da arte de me aceitar, da arte da música, da dança, da palhaçaria, da escrita e, acima de tudo, da doação do amor.

Eu não sei se você já viveu uma situação de depressão ou conhece alguém que vive esse pesadelo em sua vida, mas saiba que para tudo existe uma saída e ela está, muitas vezes, dentro de nós, só precisamos usar as chaves certas. Eu vi o quanto o criar, imaginar, sentir, tocar, sensibilizar são fundamentais em tudo o que faço, para que eu possa me sentir plena, inteira e única.

Qualquer pessoa que passou pelo que eu passei também pode conseguir! O que estava me levando para o abismo de mim era a falta de autoaceitação, eu estava aprisionada em traumas que foram gerados pela não aceitação dos outros. Hoje, consigo olhar isso de frente e dizer que essas correntes não me aprisionam mais, pois encontrei no meu melhor, na arte, na unidade, no entendimento de mim e do outro, que quando a alegria entra e se transforma em algo grandioso, a tristeza não tem mais lugar.

Como seria se você se sentisse assim também?

Que haja muitas possibilidades para muitas pessoas trilharem os seus caminhos e poderem dizer: "Andrea, estou no meu caminho. Estou feliz e, comigo, há muitas pessoas caminhando nesse amor e unidade".

Que a minha história possa ajudá-la a compreender o quão grande você é. Saiba que nenhuma dor dura para sempre. Das nossas dores, podemos tirar lições e chegar a lugares onde nunca estivemos, para ser quem quisermos, pois, com isso, coisas inimagináveis acontecerão.

Eu não imaginava que fosse possível, mas, no fundo, sonhava. Havia uma sementinha que lindamente desabrochou no meu caminho. O meu desejo é que as flores perfumem a vida de cada pessoa que eu encontrar pelo caminho, que pode ser na música, na escrita, na dança, na palhaçaria e no desenvolvimento do outro como ser humano.

Agradeço aos professores que me ensinaram um pouco cada arte: Canto – Jan Szot e Maurício Almeida, Piano – Ulisses Dumalakas e Solange Lima, Palhaçaria – Claudio de Albuquerque e Paul Zanon, Dança – Victor Lima, Mônica Lian Ferreira e Lilian Amaro.

Convido você a fazer uma pausa e refletir partindo deste exercício simples, que repeti comigo várias vezes em dias difíceis, e que me ajudou a olhar para o meu melhor e me resgatar dos abismos existenciais em que vivia:

• Quantas vezes eu me olhei com o amor e afeto que deveria? Como, muitas vezes, olho para o outro?

• Quais pensamentos carrego sobre mim? Quem sou e o que posso realizar todos os dias? E se eu acordasse e escolhesse um pensamento positivo para me acompanhar e manter a minha vibração elevada, assim como escolho a minha melhor roupa?

• E se eu, todos os dias, ao invés de olhar para os meus defeitos, erros e falhas, valorizasse as minhas qualidades?

• Qual é o meu sonho? Se eu olhasse para ele com tudo o que sou e posso, e desse pequenos passos em sua direção, como seria a minha vida? Como seria pensar que eu posso criar a realidade que sonho?

Finalize em sintonia com essa técnica do ho'oponopono:
— Sinto muito, me perdoe, te amo, sou grato!

Finalizo este capítulo com uma fala que faz com que eu me lembre de vivenciar coisas que me dão sentido em tudo o que faço: o criar, o sentir, o amar, o imaginar, vendo que os sonhos inimagináveis podem se realizar, sim. Confie! Não desista de você! Acredite em seu potencial! Você não está sozinho!

"Se você pode sonhar, você pode realizar!"
(Walt Disney)

Capítulo 2
Sobreviver ou viver? Faça a sua escolha

Cheila Parente

Mulheres fora de série

Cheila Parente

Especialista em processos de *Mentoring*; Gestão de *Performance*; *Coaching* pessoal e profissional. Empresária; palestrante internacional; Criadora do Método Entre Mulheres e do PsyCoach Beauty. Possui mais de dez anos de experiência com desenvolvimento humano; atendeu mais de duas mil mulheres no Brasil e em Portugal. Possui formações em Programação Neurolinguística; Analista Comportamental; *Coach* Integral Sistêmico (FCU); *Business High Performance; Advanced Executive Coach* e *Coach for Money* — FEBRACIS. Teoria Cognitiva Comportamental (CETCC); *Master* em Inteligência Emocional e *Coach* pela European Quality Formação. Inteligência Financeira e *Coaching* Financeiro (ICF); Linguagem das Emoções — Linguagem Corporal (IDESPH); Planejamento e Criação de Coleção de Moda (SENAI-CE); *Coaching* de Imagem — Canal Imagem; assessoria de imagem e *personal stylist* (IMCIJB), além de palestras e *workshops* na área de desenvolvimento humano.

Contatos
www.cheilaparente.com
contato@cheilaparente.com
Instagram: metodoentremulheres/ psycoachbeauty
Facebook: Método Entre Mulheres
(85) 98959-9456/(+351) 911 119 622

Sobreviver ou viver?
Faça a sua escolha

A história do ser humano é muito mais do que nascer, crescer, reproduzir e morrer. Entre o primeiro e o último estágio, temos uma longa vida pela frente. Vida essa que é definida pelas nossas escolhas diante dos acontecimentos. Mas atenção! Alguns escolhem apenas sobreviver e outros viver. Qual seria a diferença?

Filha mais velha de uma família com quatro filhos, ouvia sempre o meu pai dizer para eu dar exemplo aos meus irmãos. O que nunca imaginava era que, aos 16 anos, essa se tornaria umas das maiores responsabilidades da minha vida.

Nessa idade, vivenciei a transição imediata para uma vida adulta. Apesar da insegurança de uma menina, tive que aprender a ser forte e administrar o abandono dos pais, um lar, criar e educar os irmãos mais novos e, como se não bastasse, pouco tempo depois enfrentar uma gravidez precoce e inesperada.

Naquele momento, passei a ter duas novas características, a responsabilidade e o estresse em alto nível, mas, mesmo sendo difícil, eu estava convicta de que se deixasse de remar no barco morreria afogada, pois, além de não saber nadar, esse final nunca esteve nos meus planos. Então, foi por isso que busquei aprender a remar mais e melhor, mesmo sem saber para onde ia. Tinha certeza de uma coisa: para onde eu não queria ir e, com isso, já me sentia motivada para desempenhar os papéis que a vida me oferecia.

Passei a observar pessoas e querer entendê-las, porém, continuei querendo, porque ninguém respondeu aos meus "porquês" e isso aumentava ainda mais o meu vazio e a minha dor. A minha maior inquietação era não entender a covardia de um "herói" e a fragilidade de uma "heroína", o que, naquele momento, me parecia imperdoável. E, mesmo remando o barco sem direção, mas com cuidado para ele não virar, eu tinha uma esperança de me fortalecer a cada dia.

Depois de algum tempo cansada de buscar explicações, resolvi fazer as minhas próprias regras:

1- Não repetir um padrão de dependência e fragilidade;
2- Não repetir um padrão de covardia.

Em cima dessas regras, tive que me tornar independente e forte para assumir as minhas responsabilidades. Foi então que passei a admirar mulheres que não projetavam sua felicidade nas mãos de outras pessoas, que lutavam pelos seus objetivos e não desanimavam com os obstáculos que surgiam no caminho. E, observando aquelas mulheres fortes, decididas e de sucesso, escolhi ser uma delas e ser reconhecida por isso.

Após muito trabalho, esforço e dedicação, entrei em sociedade com meu irmão, no ramo de alimentação. Confesso que foi uma grande frustração, pois não me realizava como profissional. Foi quando tomei coragem e vendi a minha parte.

Nos meses seguintes, me dediquei a buscar algo rentável que me realizasse, então decidi investir tudo o que tinha e comecei a fabricar e vender roupas femininas. No começo, parecia até divertido, mas, no dia a dia, fui percebendo as grandes dificuldades do negócio, que iam muito além de um bom atendimento e da venda do produto.

A preocupação e o medo foram tomando uma proporção imensa na minha vida e, quando percebi, já estava com uma dívida gigantesca e, o pior, não sabia por onde começar a organizar aquela bagunça nem na empresa e muito menos na minha cabeça.

Não queria admitir mais um fracasso na vida. Porém, a dívida estava muito grande, a ponto de ter que vender tudo para pagá-la e, mesmo assim, não era suficiente, então, com muita dor, me rendi e entreguei os pontos.

"É nas adversidades que o nosso destino é traçado."
Anthony Robbins

Depois de passar dias sofrendo, doente, envergonhada, me sentindo fracassada e deixando que o meu pilar profissional afetasse todas as áreas da minha vida, percebi que ficar naquele estado não iria mudar em nada a minha situação, e aquela cama não iria fazer de mim a mulher que eu almejava ser. E, como em toda dificuldade, temos que tirar uma lição, foi nessa tempestade que descobri que se eu montasse outros negócios sem me conhecer, sem me entender e sem experiência, montar somente porque estava na moda e me parecia rentável, eu, provavelmente, iria falhar outras vezes. Isso, para mim, foi uma grande iluminação, pois fez toda a diferença.

Contratei um consultor como última cartada, pois me via sem norte e sem esperança. Ele me indicou um seminário que, segundo ele, iria mudar a minha vida. E, claro, como eu não acreditava em mágica ou conto de fadas, resisti à indicação e até ri. Mas, depois de dias pensando e sem ver saída, veio à cabeça o tal seminário, e algo me dizia que eu precisava fazer. Porém, veio à cabeça a realidade, como eu iria fazer a inscrição sem dinheiro nenhum e, pior, como iria pedir a alguém emprestado, se não sabia nem se eu poderia pagar, que argumento eu iria usar?

Não seria fácil dizer: "Fulano, sei que estou devendo o aluguel, funcionários, fornecedores e outros quantos, mas, mesmo assim, gostaria que você confiasse em mim e me emprestasse dinheiro para eu fazer um curso para me conhecer melhor. Porém, não tenho data para pagá-lo. Então, você empresta?".

Não, eu não teria essa cara de pau, porém estava certa de que teria que fazer algo para mudar e, segundo minha intuição, seria por meio da busca pelo conhecimento. Com essa certeza, comecei a mudar os meus pensamentos de preocupação e lamentação, por atitudes positivas. Por exemplo, troquei o "oh, meu Deus, o que fiz para merecer isso? A minha vida está arruinada!" por "como posso fazer esse curso? De que forma vou me motivar para resolver tudo que está errado na minha vida?". Acredite, funcionou. Encontrei a resposta para o meu dilema, bem perto de mim.

Ao arrumar a minha gaveta, encontrei as três últimas folhas de cheque da minha conta pessoal e, com um belo sorriso no rosto, entendi que ali estava a solução para a inscrição do meu primeiro curso de inteligência emocional. Foi exatamente o que fiz, mesmo sem saber como iria cobrir esses cheques, me entreguei ao processo. Em cada assunto abordado, vinham à minha consciência respostas e compreensão de toda uma vida e tive a certeza de que foi o melhor que eu poderia ter feito por mim. Quando entendi que "quanto mais eu me conheço, mais me curo", a busca por essa cura acontece até hoje.

Depois que descobri de onde vinham as crenças sobre mim, sobre o outro e sobre o mundo, o porquê de agir daquela maneira, qual o meu sentimento em relação ao dinheiro, a relacionamentos, meus pensamentos, sentimentos e emoções mudaram a minha vida, pois, com a minha transformação interna, tudo ao meu redor foi também transformado.

Mulheres fora de série

Encontrei o passo a passo para me tornar a mulher admirável que estabeleci como meta na minha vida, pois o controle do que queria estava nas minhas mãos, eu era a protagonista da minha história. E o que mais me deixava feliz era ouvir da minha família e, principalmente, da minha filha, que me transformei em uma pessoa muito melhor, em todos os sentidos.

Um dos meus *hobbies* preferidos, desde sempre, era estar com as minhas amigas. Quando estávamos juntas, compartilhávamos segredos, risadas, dúvidas, problemas e opiniões. Porém, após a minha busca pelo conhecimento humano, comecei a observar que os nossos encontros se transformaram num processo terapêutico, as nossas saídas para jogar conversa fora passaram a ser conversas reflexivas.

A partir disso, pude observar as dúvidas, as fragilidades e os anseios de mulheres em diversas situações, umas casadas, outras solteiras, umas bem posicionadas profissionalmente, outras não tinham encontrado a sua missão de vida, com filhos, sem filhos e, apesar das diferenças, todas elas tinham algo em comum, a busca pela satisfação pessoal, o tão sonhado equilíbrio.

Foi aí que descobri o que eu fazia de melhor, as ajudava a se tornarem admiráveis, decididas, resilientes, a se valorizarem e fazer escolhas, mantendo a feminilidade acima de tudo. Reencontrei-me com o meu "eu maior", ajudando mulheres a se encontrar.

Com o tempo, outra grande iluminação surgiu. Idealizei o Método Entre Mulheres (MEM), um programa de autoconhecimento que tem como objetivo contribuir para o crescimento da vida da mulher. Construímos uma ponte perfeita entre a essência e a imagem que transmitimos ao mundo, pois, diante de todos os desafios, entendi que, antes do sucesso externo, precisamos estar equilibradas com as nossas emoções, afinal são elas que nos conduzem para o direcionamento certo.

Ao longo desses cinco anos, já passaram mais de duas mil mulheres pelo processo, que me dão o privilégio de presenciar mudanças incríveis em suas vidas. Compartilho alguns casos a seguir:

M. F., 31 anos, já tinha passado por três abortos espontâneos e não entendia o motivo, pois os seus exames estavam sempre normais, no entanto, pouco tempo depois do término do curso, ela estava grávida e hoje tem uma linda menina cheia de saúde.

E. F., 32 anos, sofria abuso psicológico, por anos, do seu marido, mas, por sua dependência emocional, não tinha forças para tomar uma atitude. Durante o curso, ela foi descobrindo o seu valor, se fortalecendo, a ponto de hoje viver a sua vida de acordo com os seus próprios termos.

L. M., 34 anos, não queria convivência com pessoas e, com isso, não saía de casa, foi quando decidiu, mesmo sem acreditar, passar pelo processo. À medida que as sessões foram dadas, ela pôde perceber o porquê de tudo aquilo estar acontecendo e obteve a resposta que ela estava esperando para sair daquela situação. Hoje, faz parte de grupos da igreja, está na sua segunda faculdade e, principalmente, está se permitindo viver.

L.P., 46 anos, relata que, apesar de ser "rata de academia", ter o corpo malhado, frequentar salões de beleza duas vezes por semana, estar sempre na moda, receber elogios diários, a sua autoestima estava devastada, ela não conseguia se livrar da autoimagem negativa que parecia estar em todos os espelhos do mundo.

"Fui fazer o MEM por insistência de duas amigas que tinham participado e que me contavam os benefícios. Agora, posso dizer que elas tinham razão, não me perguntem como, mas, hoje, me olho no espelho e reconheço todo o meu poder que estava escondido por trás de uma máscara de sentimentos tóxicos. Já não gasto com tantas roupas e só frequento o salão em ocasiões especiais, pois todo dia me olho no espelho e me vejo linda".

E o que podemos concluir com tudo isso? Nada acontece por acaso. Eu tive que viver momentos difíceis para me tornar uma mulher forte e que ajuda outras mulheres a serem fortes também, mesmo diante de nossas fragilidades. Muitas vezes, é preciso passar por provas para sermos aprovados e tudo tem um propósito, só que precisamos descobri-lo. Com tudo o que aprendi, e que me permito aprender todos os dias, é que existe diferença entre viver e sobreviver.

Sobrevivem aquelas que aceitam o "não" como resposta permanente da sua vida, aquelas que temem sair da zona de conforto com medo do novo. Sobrevivem aquelas que mendigam migalhas de amor do outro, por não terem amor próprio e acham que é o máximo que merecem. Sobrevivem também aquelas mulheres com títulos e contratos assinados que não fazem sentido algum na sua vida e, mesmo assim, deixam como está, se sentindo situadas no seu quadro social.

Vivem aquelas mulheres que se conhecem, se entendem, se aceitam, se valorizam. Vivem aquelas mulheres que olham para a frente, têm uma visão de futuro bem definida, sabem o que é autorrespeito. Vivem mulheres que não aceitam menos do que elas merecem e que só permitem ficar quem veio para somar. Vivem também mulheres que controlam suas emoções, pois, mesmo sendo fora de série, não perdem a feminilidade, sabem que têm o direito de chorar e de sorrir no momento oportuno e, o mais importante, têm resiliência e se adaptam a todos os seus papéis na sociedade.

Agora, gostaria que você se permitisse refletir sobre as seguintes perguntas. Esse é o primeiro passo para descobrir a mulher maravilhosa que existe em seu interior:

1. Como está a minha vida hoje?
2. Eu sou feliz?
3. O que eu tenho que fazer para mudar?
4. Quais as vantagens que tenho em relação ao que vou resolver?
5. Qual o meu objetivo de vida?
6. Quais as opções que eu tenho para fazer dar certo?

Só você tem as respostas, elas estão guardadas aí dentro. Encontre-as! Tenha um tempo, analise os seus resultados, busque o conhecimento e não aceite menos do que merece. Tenha claro o que quer para a sua vida. Com essas ações, você estará fortalecida o suficiente para guiar o próprio destino.

> "Não é o que acontece com você que determina a sua vida, é a atitude que você toma diante do acontecido."

Capítulo 3
Não deixe a sua panela vazia.
Reinvente-se

Daniele Pomari

Mulheres fora de série

Daniele Pomari

Empreendedora, Fundadora e Diretora do Studio Pomari; Formação em *Hair Designer & Stylist* – Pivot Point Brasil e Academia Llongueiras – Argentina, e em Cor e Visagismo. Especialista em cachos e cabelos loiros. Premiada pela Tesoura de Ouro de 2018; participou de cursos e palestras de desenvolvimento humano como Liderança Extrema Marroquina; Mulheres Brilhantes; Três Chaves Mestras; Seja Seu Próprio *Coach* no Instituto Marchetti.

Contatos
daniele_pomari@hotmail.com
Facebook: Daniele Pomari
Instagram: pomaridaniele
(11) 98806-1808

Não deixe a sua panela vazia. Reinvente-se

Quais eram os seus sonhos na infância? Você se lembra? Quais eram as suas brincadeiras preferidas? O que mais gostava de fazer nessa fase? Lembro-me bem do tanto que tive que me "virar", desde muito cedo, para ajudar a minha família. Eu tinha entre oito e nove anos de idade e, na época, a minha mãe estava doente, pois era cardíaca e não podia trabalhar. Passávamos por momentos financeiros de muita dificuldade. Ela havia feito várias cirurgias e, muito debilitada, viu em mim a única esperança para que algo fosse feito naquela situação complicada.

Certo dia, sem nada que pudesse fazer, ela me mostrou a panela vazia e disse que aquele era o último arroz que tínhamos para comer. A tristeza e o desespero da minha mãe me chamaram para a responsabilidade de ajudar em casa e fazer alguma coisa.

Eu era muito pequena para entender que precisava vestir a capa de adulto naquele momento, mas vesti. A partir dessa dor, comecei a enxergar que, quando está tudo caindo na sua cabeça, sempre podem surgir oportunidades para crescer. Assim acredito que, no empreendedorismo seja da mesma forma, pois de uma panela vazia se cria um negócio.

Temos que fazer algo acontecer para que o sucesso, às vezes, seja simplesmente o de deixar a panela um pouco mais cheia ou, simplesmente, amenizar o grito de socorro. E aí, tudo começou. Eu e meus irmãos vendíamos alface no carrinho de mão e assim foi por um tempo. Aos 11 anos de idade, trabalhei como babá e auxiliar em um consultório odontológico, por alguns meses.

Na época, eu ganhava R$ 70,00. Depois, a minha mãe prestou concurso e passou, então eu parei de trabalhar. Fui ajudar em casa novamente e cuidar da minha irmã caçula de dia, para estudar no período da noite. Eu já tinha de 12 para 13 anos, era uma adulta precoce e comecei a namorar com a pessoa que veio a se tornar o pai dos meus filhos.

Aos 14 anos de idade, sem instrução nenhuma sobre o mundo da mulher e como o sexo funcionava, engravidei, e aquele momento me trouxe a sensação de desespero e amor por me tornar mãe. Mas não era hora de lamentos, eu tinha que chamar a responsabilidade mais uma vez para perto de mim e, aos 15 anos, me casei sem entender muito o que estava fazendo. Eu seria mãe, esposa, dona de casa, continuaria estudando e estava desempregada.

O meu casamento não ia bem, não conseguia me entregar totalmente ao meu esposo em nossa intimidade e, mais tarde, descobri que tudo isso tinha acontecido porque havia traumas da infância. Por ter assumido o papel de pai dos meus irmãos, o meu papel de esposa influenciou negativamente na minha vida familiar. Memórias que vieram à minha mente apenas quando comecei a me conhecer de fato. Eram muitos papéis para eu assumir, não só os do meu casamento.

Passados quatro anos, "aos trancos e barrancos", tive outra menina, mas, à época, comecei a trabalhar como auxiliar administrativo, vendedora, caixa, promotora de vendas e descobri que poderia ter o meu próprio negócio. Em 2008, iniciei a minha capacitação, fiz um curso de cabeleireira e a vontade de ter o meu próprio negócio aumentava cada dia mais. Em 2009, me formei e abri o meu salão na metade da sala – uni o útil ao agradável, pois trabalhava e, ao mesmo tempo, cuidava das minhas filhas.

Em 2011, senti grande necessidade de ter um diferencial, pois era época das escovas de formol e vi muitos profissionais morrerem por causa da química. Eu mesma passava muito mal e, por isso, resolvi me especializar em corte. Fui à busca por preços, locais onde eu poderia me especializar, mas me deparei com outra dificuldade financeira, pois não tinha recursos. Toda vez que algo me lembrava de alguma dificuldade, eu também lembrava da lição da panela vazia, ou seja, algo teria que ser feito.

> "Tem poder quem age, tem mais poder quem age certo, e tem superpoder quem age certo na hora certa!"
> **Paulo Vieira**

E eu agi, busquei ajuda e, com o apoio de algumas pessoas, me formei na Academia de Cortes Llongueras, na Argentina. Sabe quando você espera uma coisa boa e vem algo muito maior? Foi isso que aconteceu quando essa grande conquista veio e renovou as minhas esperanças de que algo novo e melhor poderia acontecer a partir daquele conhecimento que adquiri.

Depois de um tempo, fui trabalhar fora para ganhar experiência e aumentar os meus rendimentos também, mas não deu certo, então, outro desafio estava me chamando para mudar de estratégia e de ação. Era hora de arriscar um pouco mais, ter um espaço maior para atender sozinha. E, com o dinheiro que tinha juntado no salão anterior, aluguei uma sala em uma galeria e depois fui para o bairro.

Eu queria crescer, romper algumas barreiras que ainda me impediam de prosseguir, principalmente do meu passado, que teimava em fazer parte da minha vida adulta, e foi aí que comecei a buscar por desenvolvimento pessoal.

Em alguns momentos, me pegava depressiva, em outros, me encontrava no êxtase de muita realização, sentia muita vontade de crescer, e assim fui realizando vários cursos da minha área. Tive formação em mais uma academia de cortes, a Pivot Point Brasil, também fiz os melhores cursos de cabelos e *workshops* em todo o Brasil, participei de feiras, mas algo dentro de mim ainda não estava bom o suficiente e ainda enfrentava dificuldades internas, que só resolvi quando mergulhei no meu autoconhecimento a partir dos cursos de desenvolvimento pessoal que fiz.

Nessa época, eu tive o terceiro filho depois de 14 anos, desde a última gravidez, e vieram novas dificuldades. Comecei uma trajetória de insucessos, fechei o meu salão, voltei a ser dona de casa. Após oito meses do nascimento do meu filho, resolvi voltar para o meu negócio e junto vieram todas as inseguranças possíveis desse recomeço.

Quando o meu filho tinha um ano e sete meses, continuei buscando pelo meu crescimento pessoal e fui mais longe, dessa vez, para Londres, para fazer o curso do Tony Robbins, mas não passei do aeroporto, não me deixaram entrar no país, o que para mim foi outra grande frustração. Para mim, que não estava emocionalmente bem, essa situação acabou me deixando muito pior e tive que buscar a ajuda de um terapeuta. Eu queria sair daquela situação, independentemente do preço a pagar, pois não poderia entrar num buraco sem fim, tinha que reagir.

No meu processo de autodescoberta, fiz várias tentativas dentro do meu casamento, para que tivéssemos uma família mais feliz, mas, infelizmente, a relação estava insustentável e nos divorciamos. Essa foi outra grande mudança! Agora, eu tinha um desafio maior pela frente e comecei tudo do zero em casa novamente. Também percebi muitos erros que eu cometia no meu negócio, aprendi, cresci e comecei a acertar e, depois de tantas dores, a chave virou para muita coisa na minha vida.

Veio um turbilhão de emoções, problemas financeiros, crises, ansiedade, o que me levou a não guardar mais, mas, sim, a colocar para fora o que eu sentia, ter *insights* para me superar e ajudar outras pessoas que pudessem estar passando pela mesma situação. Comecei a gravar vídeos motivacionais contando a minha trajetória profissional. Ao mesmo tempo em que isso era um desabafo, era a forma que eu encontrava de fortalecer outras pessoas em cada atendimento que realizava em meu salão. Então, percebi que era curando os outros que eu me curaria, pois isso trazia para mim um sentimento de propósito, de realização e do porquê de ter passado por tudo o que aconteceu.

Comecei a olhar mais para as minhas clientes mulheres e, ao perceber que elas queriam mudar o visual quando não estavam bem, eu aproveitava para conversar com elas. O que elas queriam era mudar a sua vida e não só a sua aparência. Unindo todo o meu conhecimento em cortes, eu incluía o autoconhecimento junto e elas saíam melhores do que entravam.

Isso se tornou tão positivo que, certo dia, chegou ao meu salão uma cliente loira que desejava colorir seus cabelos de vermelho, isso tinha relação com alguns de seus problemas pessoais relacionados aos seus pais. E, então, eu perguntei o que poderia ser feito naquela situação. O que poderia melhorar. Essas simples perguntas a fizeram pensar na saída, parar de focar no problema e focar na solução e, ao sair, ela me disse: "Eu cheguei com baixa autoestima e você me ouviu, não foi só a parte visual, mas a parte emocional, e isso me ajudou a ter novas perspectivas, a me levantar emocionalmente, me ajudou a sair da zona de conforto e buscar a minha vida em ação, me fez ser mais linda, primeiramente, por dentro".

Uma outra cliente, uma menina de mais ou menos 11 anos, estava com problemas de autoaceitação dos seus cachos, não sabia lidar com isso e estava sofrendo *bullying* na escola. Ela chegou muito triste querendo alisar os cabelos, eu fui perguntar a causa, então vi que era algo interno. Primeiramente, a ajudei a lidar com os cachos e disse: "Hoje em dia, quem tem cachos é rainha, Deus a fez única e especial".

Com essas simples palavras, ela passou por processo de tratamento de quatro sessões e, no último, já estava tirando várias *selfies* e sua mãe me disse: "Minha filha era uma menina triste, com autoestima baixa, mas hoje ela se ama, tira fotos com seus lindos cachos. Você levantou a minha filha".

Muita gente quer mudar por fora aquilo que tem que mudar por dentro

Em tempos de ansiedade e algumas procuras pelo porquê de algumas coisas não fluírem, fui parar na constelação familiar, e foi lá que descobri algumas coisas de todo meu processo de transformação. Queria saber mais sobre mim e por que algumas coisas se repetiam na minha vida, mas só depois de quase um ano obtive respostas.

Eu era uma profissional que buscava muita qualificação profissional, fazia muitos investimentos e tinha a sensação de que nada estava bom, e quando parei de me perguntar, me veio a principal resposta: "Sua mãe", "você está realizando o sonho de sua mãe". E eu, intrigada, perguntei para a minha tia, e aí veio a confirmação de que ser cabeleireira era o sonho da minha mãe.

O autoconhecimento nos permite enxergar mais a fundo aquilo que não vemos na superfície. Ter essa confirmação me trouxe conflito, mas alívio, e agradeci a Deus, ao universo, pois fiz o meu melhor e sei que o meu grande propósito é a transformação das pessoas.

Em 2018, fui premiada com a Tesoura de Ouro e me senti muito honrada com todo o reconhecimento. Hoje, estou no meu novo espaço, em busca de evolução. O que aprendi com tudo isso quero dividir um pouco com você, principalmente se quer começar um novo negócio na área da beleza ou em casa:

• Se trabalha em casa, saiba que você é a cara do seu negócio. Vista-se da melhor forma possível, evite bermudas, chinelos, use maquiagem, arrume seus cabelos, assim como faria se trabalhasse em uma empresa fora;

• Determine um horário de atendimento;

• Invista em melhores produtos, cuide de seu ambiente de trabalho, mantenha-o organizado, limpo;

• Separe os papéis de mãe e empreendedora. Seja forte emocionalmente para deixar o seu filho com outra pessoa, coloque em uma escola ou deixe com alguém de sua confiança;

• Ser um profissional de referência faz toda a diferença para o sucesso do seu negócio. Especialize-se em uma área específica e não queira abraçar o mundo – faça aquilo em que você é boa e delegue o resto, tenha pessoas para ajudar. Registre e gerencie a sua empresa e busque constantemente pelo seu desenvolvimento e crescimento pessoal;

• Tenha sempre em mente o seu cliente, além de pagar a conta, é um ser humano. Lembre-se: "Ao tocar uma alma humana, seja apenas outra alma humana". (Carl Jung)

Você pode tudo aquilo em que acredita
Seja autorresponsável, independentemente da sua religião, da situação, do meio em que você vive ou dos papéis que precisa assumir dentro de cada fase da sua vida. Não terceirize a responsabilidade que é apenas sua, você é o único responsável pela vida que tem levado e mais ninguém.

A panela vazia me fez descobrir o que é possível! Que haverá momentos na sua jornada que dependerão somente de você dar o passo para o seu crescimento e só você saberá o caminho a ser seguido.

> "Ora, a fé é a certeza do que esperamos e a prova do que não se vê."
> **(Hebreus 11)**

Eu não sei qual área da sua vida está com a panela vazia, mas sei dizer que, a cada dificuldade, é importante refletir sobre os pontos a melhorar.

Faça as pazes com o seu passado, perdoe e se perdoe, e a cada dor ou insucesso, não recue, mas busque estratégias para continuar, a cada panela vazia, uma carreira, uma história, um livro, a sua panela vazia vai fazer você realizar o seu grande sonho. E saiba que, se acreditar, poderá buscar e conseguir.

Capítulo 4

Eu tive câncer, mas o câncer não me teve

Gilce de Abreu Santos

Mulheres fora de série

Gilce de Abreu Santos

Empreendedora na DONNAVEGAN; produtos, projetos e serviços dentro do *lifestyle* vegano. Consultora gastronômica e de negócios para o mercado Plant Based. Participação em diversos cursos dentro do *vegan food service* nos Estados Unidos e na Europa. Graduada em comunicação social (publicidade e propaganda), pós-graduada em administração de *marketing* e gestão de negócios em gastronomia. Estudiosa na área de desenvolvimento pessoal, gestão e espiritualidade. Concluiu inúmeros cursos e *workshops* nacionais e internacionais: UPW (London), Quantum Leap (Success Resources), One World Academy; Kriya Yoga Institute; Meditação Transcendental – Maharishi. Brahma Kumaris, HSM, Empretec (Onu), Rock in Rio Academy Week (Lisboa), Web Summit (Lisboa), U Theory (FGV), entre outros. DONNAVEGAN é apoiadora da entidade Conscious Captalism (USA) e voluntária em diversas ONGs de direito e abolicionismo animal. Larga experiência em eventos corporativos e *shows* musicais, assim como promoção e produção. Apaixonada por animais, cinema, fotografia, *step* e viagem, visitou todos os continentes em busca de conhecimento.

Contatos
gilcedeabreu@gmail.com
Facebook: donnavegan
Instagram: donnaveganoficial
LinkedIn: Gilce de Abreu Santos
(11) 99127-7787

Eu tive câncer,
mas o câncer não me teve

Sempre fui polivalente! Fazer tudo ao mesmo tempo agora sempre fez parte da minha vida. É uma vibração que emano, e como vivemos o que vibramos, a vida em 2013 não foi diferente. Costumo dizer que ao brindar a chegada desse ano, parece que o universo só ouviu o "ano novo" sem o "feliz".

Acredito que tudo está ótimo sempre, mas pode piorar em segundos! Com esse raciocínio, entendo que o lado bom das coisas está presente em toda circunstância, e como reagimos às transformações é o que conta. Não é questão de pensar positivo, mas, sim, de não sintonizar uma frequência negativa por estar vivenciando um problema, e passar a sentir a vida de acordo com ela.

O ano de 2012 foi muito bom, iniciei uma segunda pós-graduação, desta vez em gestão de negócios da gastronomia. Na época, vivia próximo a São Paulo e 35 quilômetros me separavam das aulas e da minha cama em Alphaville, onde morava com o meu marido e o restante da família (minha filha Livia e 28 filhos de quatro patas: cães e gatos e pombas). Tínhamos dois restaurantes e três vezes por semana dava plantão em um deles. Estava no modo "tudo ao mesmo tempo agora". O curso, a casa, a grande família, atividade física e um casamento cansativo que se arrastava por preguiça de tomar alguma atitude, mas que se mantinha apesar das circunstâncias.

Em meados de janeiro, minha mãe não passava bem. Ela sempre foi muito animada para tudo e nunca tinha tempo ruim. Mas, no início de fevereiro, após exames, houve a sua internação por conta de um cansaço extremo e dificuldade para respirar. Então, nos mudamos, eu e minha filha para o hospital Hcor em São Paulo e, em meio a tudo isso, comemoramos a entrada dela na faculdade de psicologia.

Vivendo no hospital, e ainda assim muito felizes, dividíamos o tempo entre médicos, exames e a procura de um apartamento, pois ela iria morar próximo à universidade! Lidando com a novidade, e ao mesmo tempo acompanhando a internação da minha mãe, também cuidei da organização e de toda a mudança recebendo os prestadores. Tudo isso fazia parte daquele novo momento.

Em meio à nova residência, hospital e meus estudos, tinha que montar a minha apresentação para a banca da pós e, para completar, foi resolvido que um dos restaurantes seria fechado. Imagine tudo acontecendo junto! Meu marido enlouqueceu com idas e vindas do processo logístico, pois todos os equipamentos foram desmontados e levados para minha casa, ou seja, a minha vida estava um caos.

Com o passar dos dias, minha mãe piorou, foi quando soubemos que suas dores e dificuldade de respirar eram oriundas de um câncer nos pulmões e, em pouco tempo, veio a pergunta: iniciar ou não os cuidados paliativos? Essa notícia veio às vésperas dos 81 anos dela. Foi um momento doloroso, mas optei por deixá-la feliz e fiz a festa de aniversário no quarto, com 25 pessoas!

Embora fosse insuportável ter que admitir o estado terminal, a escolha, sem dúvida, foi pelos últimos dias vividos da melhor forma possível. A equipe de cuidados paliativos é responsável por monitorar toda possibilidade de amenizar o desconforto e a dor. Em meio à tanta tristeza, a certeza de que eu não seria responsável por estender a vida, quando ela não queria mais estar no corpo físico. Imagine a minha cabeça naquele momento. Estava a mil, mas não havia tempo para parar e sofrer, estar em movimento era um tipo de anestésico.

Pouco tempo depois, minha mãe faleceu dormindo. Era sexta-feira Santa quando me despedi no velório. O cenário daquele momento incluía a minha perda, Livia saindo de casa, o fechamento do restaurante e ainda a apresentação para a banca da pós-graduação.

Mas a vida continuaria, apesar das dores a enfrentar. Após tudo isso, retomamos as visitas ao médico, para *check-up* anual, que tinham sido interrompidas por conta da vivência diária no hospital.

Após a saída da consulta com a ginecologista, com os pedidos de exame em mãos, resolvi voltar à clínica. Tive um "*insight*" de retornar e solicitar a realização de uma ressonância magnética das mamas. E, surpresa, a doutora fez a solicitação sem compreender exatamente o porquê da minha insistência. Na verdade, eu também não sei, mas isso serviu para identificar os três tumores nas duas mamas. E aí, foi "tudo ao mesmo tempo agora", exames, mil biópsias, inclusive uma cirúrgica, pois as criaturinhas morando em mim estavam bem escondidas. Não podia esperar, agir rápido era necessário.

Cirurgia marcada, no primeiro momento iriam cortar quadrantes dos dois seios, e como tudo tem um lado bom, ganharia uma reforma geral! Bom, tudo isso foi muito rápido, aconteceu 15 dias depois da partida da minha mãe. Após a cirurgia, começou outro capítulo da minha vida, eu tinha que escolher e decidir com quem, quando e onde seria realizada a quimioterapia. O mastologista, que é o cirurgião, não faz e não decide sozinho qual protocolo será acionado, então eu tive que falar com a oncologista indicada por ele.

A médica me apresentou o pior cenário e disse: "Você vai sofrer, sim, pois serão muitas sessões!". Logo em seguida, quando saí do consultório, a secretária pergunta: "Se a senhora decidir, me avise para agendarmos os horários", me mostrando as cabines de aplicação em uma visita a toda a clínica. Questionei: como assim? Se eu decidir? Entendi que era para fazer e pronto!

Fiquei pensando sobre o que ela falou e resolvi consultar outras opiniões. A segunda médica disse que não tocaria em mim e nem me indicaria algum tratamento, se eu não fizesse dois exames nos Estados Unidos, para ajudar na decisão dela. Pensei novamente e resolvi pesquisar um terceiro especialista. Então, uma amiga da academia me indicou uma clínica em que uma conhecida fazia o tratamento. Sem conseguir contato, no dia seguinte, quando fui até meu laboratório, vi que era o mesmo endereço e houve uma desistência na hora em que estava lá... Sincronia!

Durante a consulta, ele chamou um colega da equipe para ajudar a ponderar o que fazer, pois não tinha certeza. No final, saí com o seguinte posicionamento: "Olha, me desculpe, mas não sabemos exatamente qual procedimento é melhor no seu caso. Farei uma junta médica, pois não sei o que decidir".

Que médico enrolado! – pensei, já planejando uma visita ao quarto especialista. Porém, o meu mastologista estava neurótico, pois já iria completar dois meses, e o protocolo é de, no máximo, um mês para iniciar qualquer tratamento pós-cirúrgico. Diante da pressa em ter que decidir, conversando com um médico amigo, ele me convidou a mudar o raciocínio. Vivemos e temos atitudes ou não a partir de nossos pontos de vista, que não necessariamente são úteis ou mais assertivos para o resultado que desejamos ou precisamos.

Ter a mente aberta para pensar a partir de outro ângulo é um ponto que tento preservar. Então, troquei a afirmação sobre aquele médico, que eu mesma criei, de confuso e incompetente, por: "É ele quem quero cuidando de mim!". Foi o único dos três que revelou não saber e se propôs a pesquisar e entender qual o melhor caminho.

Finalmente foi discutido e concluído que, na dúvida, deveria fazer oito ciclos de quimioterapia a cada 20 dias. Ou seja, mesmo juntos, não conseguiram estabelecer um padrão, e dada a condição inusitada, decidiram prescrever.

Eu fui a maioria das vezes sozinha, apesar de minha filha ter me acompanhado em algumas, pois eu não queria que ela ficasse lá por quatro horas sem fazer nada.

Aceitei que tinha câncer, para me tratar, mas me recusava a deixar a doença me "consumir". Eu sempre tentava marcar a aplicação no dia da minha aula de *step*, modalidade de atividade física que mais amo. Saía de Alphaville para a clínica em Higienópolis, depois ia até a Avenida Paulista e voltava dirigindo. Muitas vezes, dava uma cochilada no carro, dentro do estacionamento da academia, pois sentia sono por causa da quimio.

Em meio a manter minhas atividades todas, inclusive cuidar dos meus 28 animais sem nenhuma ajuda, eu não podia me acomodar. Não entrei em sintonia com aquilo que "não" podia ser feito.

E assim foi o ano de 2013, com a última aplicação em novembro. Como se passaram mais de seis meses, estava na hora de iniciar o *check-up* específico para câncer, e fiz vários exames. Quando pensei que estava acabando o tratamento, foi encontrado o quarto tumor de 0,4mm (um nenê) e, mesmo assim, foi feita a segunda grande cirurgia. Então, no natal de 2013, entrei para internação desde o dia 25 de dezembro, saindo em 9 de janeiro. Ganhei duas mastectomias (retirada total das mamas), mas a vida não poderia parar e dei as boas-vindas a 2014!

Fiquei um tempo na casa de uma amiga em São Paulo, pois eram mais visitas ao médico. E assim, em julho de 2014, operei novamente para retirar o expansor colocado em dezembro. Passei por mais uma cirurgia. E como o universo gosta de me ver em movimento, eu havia encerrado vários ciclos mas, para terminar com chave de ouro, eu e meu marido resolvemos nos separar em setembro de 2014 depois de 27 anos, dando boas-vindas a 2015!

O câncer é uma doença estigmatizada. Além dos problemas físicos, dúvidas, expectativas de cura ou não, há sempre a ideia de fim, de morte. As pessoas pensam no que não fizeram, falaram ou amaram. Esse sentimento de finitude e arrependimento permeia o resto do tempo após o diagnóstico, e quase todos iniciam um ciclo de "vivenciar" os momentos seguintes, como se fossem morrer efetivamente.

Porém, eu não mudei o meu gosto, meu desejo, minhas preferências, nem estando com quatro tumores. Entendo que, mesmo com algum tipo de "limitação", não podemos "limitar" a nossa mente. Mesmo com câncer, não mudei minha rotina. Continuei fazendo tudo e nunca foquei no que não podia ser realizado. Meu oncologista ficava perplexo com tanta atividade (voltei ao *step*, mas me proibiu de correr). Claro que, para ele, isso era anormal. Como alguém poderia atravessar a quimio dessa forma?

Eu atribuo, exclusivamente, toda a minha energia ao fato de ser vegetariana/vegana há quase 40 anos. O veganismo é um *lifestyle* e não uma dieta. Animais, planeta e pessoas são preservados. O *mindset* vegano é permeado pelo amor, pelo olhar ao outro, e como consequência há o corpo saudável, a imunidade alta e alerta, a ausência de excesso de peso, falta de infecções e demais condições de bem-estar, que geram longevidade com saúde. Isso acontece quando as nossas escolhas alimentam o espírito e não só o corpo físico!

Não tive sequer um espirro quando a minha imunidade baixou por três vezes, de 3500 para 900. A minha contagem de glóbulos estabilizou-se sozinha, sem o protocolo de usar mais uma medicação pesada e dolorida, por meio de um processo bem invasivo. Não houve problemas de metabolização do coquetel quimioterápico, mesmo após tantos antibióticos, anti-inflamatórios e anestésicos, depois de três cirurgias. A cicatrização, em meio a tantos procedimentos, foi ótima e rápida, assim como a expansão da pele que recebeu as próteses após atingir o nível necessário de elasticidade rapidamente. Além da inexistência de qualquer tipo de infecção durante ou depois de tanta manipulação retirando as duas mamas. O fato é que o nosso corpo reage quando cuidamos bem dele.

Eu não sei se você já passou por uma situação similar, ou se conhece alguém que se encontra com esse grande desafio, mas não se entregue!

1. Use toda a sua energia para não deixar essa situação consumi-lo. Faça escolhas que envolvam o amor e não apenas benefícios próprios;

2. O pensamento e o modo de perceber a vida constroem as nossas vibrações na mente, criam e sustentam emoções que deixamos ou não invadir e controlar o nosso modo de agir, gerando resultados diferentes sob diversos aspectos;

3. O nosso organismo se propõe ou "não" a se reconstituir. Isso começa pela boca, por aquilo que ingerimos;

4. A intenção da decisão (quando se alimenta) faz diferença em como tudo é absorvido. Mas, entenda, manter só o corpo "alimentado" não assegura saudabilidade, pois precisamos alimentar o espírito e a alma antes do físico;

5. Ao fazer algo porque vem de dentro, não somente esperando resultado, o estado de *"flow"* se manifesta na vida;

6. Foque no que pode ser feito! Aceitar o movimento e transformação significa poupar energia interior de lutar contra e questionar;

7. Agradecer a chance de ter algum aprendizado, mesmo sem entender o que e nem o porquê;

8. Compreender que seu tempo aqui é uma passagem, pois um dia você morrerá, mas enquanto isso não chega, lute para viver com humildade, deixando sempre o seu melhor ao outro, assim como para o planeta, pois é isso que ficará quando não estiver mais aqui. Então, seja grato por cada dia e escolha ações que beneficiem o todo, hoje e além.

Enquanto estivermos vivos, existirão adversidades, o importante é saber o que fazer quando elas chegarem. Quem escolhe viver no amor, sempre olhará para o seu tempo com adaptação às transformações, e isso é um ponto positivo para tratar a doença como mais um desafio a ser superado. *Vegan* já! Pelos animais, pelas pessoas, pelo planeta.

Capítulo 5
Faça o tempo trabalhar a seu favor

Juliana Santana

Mulheres fora de série

Juliana Santana

Doutora e Mestre em Engenharia de Produção, graduada em Letras — Inglês e Português. Fundadora da marca Vai Dar Tudo Certo! — Metodologia de Desenvolvimento Pessoal e Profissional. Idealizadora do Inspire-se, Café com Ação e Top 10, Programas de Desenvolvimento Profissional e *Net-Working* para empreendedoras. *Coach* de carreira certificada pela Sociedade Brasileira de Coaching. Autora dos livros *Superação* e *30 dias felizes*.

Contatos
www.vaidartudocerto.blog.br
contato@vaidartudocerto.blog.br
Instagram: vaidartudocerto.blog.br
Facebook: Vai dar tudo certo
(48) 99993-3282

Faça o tempo trabalhar a seu favor

Você se sente cansada, mas quando tem tempo livre não sabe o que fazer? Sente-se culpada por não estar trabalhando? Como ser produtiva e manter a tranquilidade durante a semana?

Os passos sugeridos aqui surgiram da minha transformação profissional, uma carreira que era sólida, sonho de qualquer profissional bem-sucedido, mas que também me levou a refletir sobre como ter tudo isso dentro de um significado maior entre vida pessoal e profissional.

Saí de um histórico de 20 anos de horário e salário fixos para a carreira empreendedora, com quase 40 anos. Consegui o meu primeiro emprego quando comecei a graduação. Em seguida, iniciei o mestrado e logo ingressei no doutorado.

Como doutoranda, viajei muito para entender como a língua inglesa era ensinada pelo mundo. A vida fluía como um sonho. Iniciei a carreira como professora e à medida que os estudos avançavam, os convites para novos projetos chegavam. Coordenei escolas, treinei equipes, criei materiais didáticos, tudo que eu gostava estava acontecendo.

Concluí o doutorado aos 28 anos e continuei me desenvolvendo. Vivi o ápice da minha carreira, aquilo que todo profissional bem-sucedido sonha, até que recebi uma notícia maravilhosa que mudou tudo. Fiquei grávida. Resolvi continuar administrando a carreira e fiz um planejamento para aproveitar o novo ciclo. Colocaria o meu filho em uma escola, seguiria trabalhando e o incluiria nas viagens. Parece fácil pensando assim, não é? Mas fácil não era, era possível.

Voltei ao trabalho e coloquei o planejamento em prática. Tudo fluía bem. A vida estava se encaixando na nova rotina, até que mais uma novidade, um exame e uma nova gravidez.

Existem situações que nos pegam de surpresa, mas entendi que era mais uma fase para administrar e que poderia ser resolvida. Incluiria o segundo filho na rotina criada e seguiria trabalhando. Seria fácil? Também não. Mas possível.

Voltei ao trabalho colocando o segundo plano em prática e sobrevivi por alguns meses, até que percebi que algo estava errado, porém, não conseguia identificar o que era. Eu continuava amando o trabalho, empolgada com a carreira e feliz com meus filhos. Por que não estava me sentindo bem?

Resolvi seguir com a rotina acumulando funções e preocupações. Um erro que me ensinou sobre saúde e emoções. Como eu poderia viver cansada e achar que estava tudo bem? Eu conseguia enganar as pessoas a minha volta, menos a mim. Caso você se identifique com essa situação, admita que algo pode ser melhorado, mesmo que você não saiba exatamente o quê. É a sua vida que está em jogo, seu maior empreendimento. Fingir que está tudo bem irá comprometer a sua saúde e isso é uma questão de tempo.

Fui ao médico e recebi uma notícia que me abalou profundamente. Tive 30 dias para retirar um nódulo. Por que isso? Por que naquele momento? Pensava no trabalho, nas viagens, na família e, acima de tudo, nos filhos.

Durante a semana, era uma correria louca. E nos finais de semana, muitas vezes, eu contratava alguém para cuidar dos dois, pois precisava descansar ou trabalhar mais. Foi nessa reflexão que percebi o pouco tempo que ficava próxima de minha família aproveitando os dois presentes que havia recebido.

Acreditar em valores diferentes da rotina não estava certo para mim. Quando o médico deu a notícia da cirurgia, logo meus filhos vieram à mente. Como eu poderia dizer que eles eram prioridade se eu passava a maior parte do tempo longe? Eu acreditava que família e saúde eram prioridades. Porém, ao analisar a minha rotina, eu passava muito tempo trabalhando, não cuidava da saúde e estava cansada demais para me divertir.

Tomei uma das decisões mais difíceis e loucas, partindo do princípio do sucesso profissional que eu tinha alcançado. Pedi demissão. Mais uma vez não foi fácil, mas foi preciso, se eu quisesse parar de "equilibrar pratos" a ponto de deixar todos eles caírem ao mesmo tempo e eu ficar pior do que estava.

A essa altura, eu já estava com 38 anos. Ficar em casa era algo contrário do que eu sempre fiz. Como eu poderia não estar trabalhando? O que se faz durante a semana quando você não tem horário fixo? Como se organizar?

Foi quando a nova carreira nasceu. Procurei ajuda, investi em cursos e comecei a oferecer sessões de *coaching* para amigos, colegas de profissão e quem mais quisesse conhecer a metodologia. O pensamento que me mantinha firme na decisão de uma nova carreira e conseguir a vida que eu sonhava era: vai dar tudo certo! Eu queria uma rotina que me permitisse cuidar da saúde, ficar perto dos filhos e ter renda novamente.

Meses passaram e notei que eu estava repetindo o mesmo erro. Passava tempo demais trabalhando. Ou seja, o problema nunca foi o emprego, mas, sim, o meu hábito de trabalhar demais. Era algo inconsciente que me dominava, eu precisava trazer para a minha consciência, fazer uma nova revisão na vida. Contei com ajuda de mentoras, fiz novos cursos e entendi o que era empreender de acordo com meus próprios valores e necessidades.

Revisando a minha história, vi que por 20 anos eu havia trabalhado como funcionária. O horário e a remuneração eram fixos. Quando analisei a minha rotina, percebi que ela sempre veio pronta. Segui o horário da escola, da faculdade, do primeiro emprego e nunca me preocupei em criar um horário conforme as minhas preferências.

Quando me vi com quase 40 anos, recomeçando profissionalmente, percebi o quanto eu tinha que aprender sobre ser organizada, produtiva e lucrativa. Habilidades que não nos ensinam e são importantes na vida de qualquer profissional.

À medida que os serviços de *coaching* alcançavam mais clientes, comecei a criar uma metodologia própria. Estudava, implementava ferramentas e criava a minha ideia de como oferecer um programa com conteúdo teórico e prático, em uma ordem apropriada ao desenvolvimento de cada cliente.

Como criar um horário flexível e organizado, de forma que você consiga cuidar da sua saúde, curtir sua família e trabalhar?

O nome da metodologia surgiu desse estudo e da certeza de que conseguiria fazer uma nova carreira engrenar: Vai Dar Tudo Certo! Esse é o nome da marca registrada e da frase que me manteve firme no propósito de ajudar profissionais que passam pela mesma situação que passei.

Para iniciar essa organização e se manter em aperfeiçoamento, compartilho quatro passos que têm proporcionado a mim e a várias mulheres alcançarem uma rotina tranquila e produtiva, de fato, mais equilibrada.

1º passo: use uma agenda. Anote as atividades que você desenvolve ao longo do dia e os horários em que cada uma acontece. Não se preocupe em analisar, só anote o que você faz e os horários ao longo do dia, por uma semana. Use uma agenda em que você consiga enxergar toda a semana, de domingo a domingo. Dessa forma, terá uma visão completa de como sua vida está. Tudo o que você precisa agora é de um papel e uma caneta.

2º passo: analise suas anotações, olhe para a sua agenda e perceba:
- Você cuida da sua saúde?
- Tem tempo para descansar?
- Quanto tempo você passa no trabalho?
- Existem momentos de diversão?
- Você se sente realizada com essa vida?

3º passo: com base nas respostas, escolha uma pequena ação para incluir na sua semana. Vamos começar ganhando, ou seja, incluindo algo que você gosta muito de fazer e, normalmente, não encontra tempo. Quando se trata de mudanças, é mais gostoso pensar que estamos ganhando algo do que perdendo. A sua atenção deve estar em momentos que trarão prazer. Algo como sair com amigos, assistir a um filme ou descansar após o almoço. O que for mais simples de ser implementado. O foco é mudar, mesmo que seja pouco.

4º passo: planeje a semana seguinte, incluindo a nova atividade. Depois que a semana terminar, avalie novamente a sua agenda:
- Você se sente mais feliz?
- O que ainda pode ser melhorado?
- Como você se sente ao ver a rotina registrada?

Prossiga com os seus planejamentos semanais. Você perceberá que a sua autoestima vai melhorar e você sentirá vontade de criar atividades cada vez mais desafiadoras. Foi assim que iniciei a organização da minha vida dentro das 168 horas semanais. É muito tempo! Como eu não me organizava com todas essas horas à disposição?

Aos poucos, ganhando autoconfiança, aprendi outras estratégias que quero compartilhar também:

1. Organize seu horário de trabalho em blocos de, no máximo, quatro horas. Nesse intervalo, não atenda a celular, fique concentrada e só pare quando o tempo acabar.

2. Planeje horários específicos para responder às mensagens. Gosto de reservar o final da manhã, entre 11 horas e meio dia, e o final da tarde, entre cinco e seis horas. Depois, descanse, só veja notificações novamente no dia seguinte.

3. Estipule horários para a internet. Seja específica na busca e conclua o trabalho no horário agendado. Após a tarefa realizada, desligue-se. Invista seu tempo em mais paz e saúde.

4. Planeje momentos de lazer e descanso com a mesma seriedade que você planeja o seu trabalho. E o mais importante, cumpra com a sua palavra. Pode ser uma pausa de cinco minutos. Descanse de verdade por esse tempo, meditando, rezando ou ficando em silêncio.

5. Agende um horário para a sua autoavaliação. Sexta-feira, início da tarde, revejo a semana, penso em tudo que posso melhorar e planejo a semana seguinte, colocando essas melhorias em prática.

Quando você aplica essas ideias, você sente mais vontade de agir. Suas metas vão crescendo à medida que você ganha coragem. Sua produtividade irá aumentar e, dessa forma, você se sentirá mais calma para descansar sem culpa e estar perto de quem você ama.

Essas estratégias valem para profissionais liberais com horários flexíveis, para funcionárias com horários fixos e também para quem está em casa sem trabalho, como eu estava no início.

Entender que você tem o controle sobre as suas decisões e consegue planejar e realizar suas tarefas a deixará mais disposta em todas as áreas da sua vida.

Sinto muita alegria por viver da forma como sonhava e passar esses conhecimentos para outras pessoas. São centenas de mulheres que experimentaram a metodologia Vai Dar Tudo Certo! e cresceram pessoal e profissionalmente.

Algumas tornaram-se amigas que continuam investindo na marca por meio dos encontros que oferecemos e de indicações que tive a honra de acompanhar:

Profissionais de estética, que apostaram em sua própria marca, hoje estão contratando e treinando novos profissionais.

Funcionárias que alcançaram a posição de destaque que tanto sonhavam e conseguiram manter a calma e o tempo para a família.

Mães que aprenderam a empreender em suas casas, garantindo tempo de qualidade com a família e contribuindo financeiramente com o orçamento doméstico.

Médicas que mudaram suas agendas para atender pacientes em um horário diferenciado e, dessa forma, conseguiram se cuidar também.

São muitos os exemplos e sou eternamente grata a cada um deles. O meu objetivo é continuar divulgando essas estratégias e ajudar mais profissionais a sentir essa felicidade que sinto.

O controle para dar tudo certo em sua vida está em suas mãos. Seja qual for a sua vida dos sonhos, invista em você mesma e acredite de verdade. Vai dar tudo certo! É só acreditar. Permita-se!

Capítulo 6

Sou mãe de uma criança especial e isso me faz também especial

Luciana Saroba

Mulheres fora de série

Luciana Saroba

Psicóloga formada pela PUCCAMP — Pontifícia Universidade Católica de Campinas (2000), Pós-Graduada em Gestão Estratégica de Pessoas pela FGV (2006), *Master Coach* formada pelo IBC — Instituto Brasileiro de Coaching. Possui vasta experiência na área de Recursos Humanos e Gestão de Pessoas, atuando há mais de 18 anos como gerente dessa área no ramo metalúrgico. Empresária, sócia de uma rede de lojas de produtos alimentícios.

Contatos
lucianasarobaconsult@gmail.com
Instagram: @lsaroba
Facebook: Luciana Saroba
(15) 98117-9927

Sou mãe de uma criança especial e isso me faz também especial

Todos nós, um dia, pensamos em casar, estar juntos de quem escolhemos, constituir uma família, ter filhos, ou seja, construir a nossa continuidade nessa vida. Normalmente, idealizamos tudo acontecendo de forma perfeita, acreditando que tudo, na maioria das vezes, será fácil e rápido de se conseguir, que as coisas sairão dentro do nosso planejado e dará tudo certo. Pelo menos comigo era assim. Até que as coisas vão acontecendo e nos mostrando que nem sempre são do jeito que queremos e que isso também pode ser bonito, transformador e curador!

Casei-me em março de 2009 e logo engravidei, foi um susto! Surgiram inseguranças, medo de assumir o papel que deveria ser cumprido e a adaptação na convivência daquela pessoa que estava ao meu lado. E agora, será que a nossa vida vai mudar? O quanto vai mudar? – me questionava. A notícia da gravidez nos deixou muito felizes e, ao mesmo tempo, apreensivos, afinal estaríamos saindo da nossa zona de conforto, totalmente. Tudo era novo!

Logo vieram os preparativos, a compra dos móveis, das roupinhas, barrigão crescendo e tudo caminhando normalmente até que, um dia, em um dos únicos exames que fiz sem o meu marido (por questões de trabalho), me deparei ali, deitada na sala de ultrassom, com uma notícia que mudaria a minha vida, o meu jeito de enxergar o mundo, as pessoas a minha volta, os problemas e as soluções.

Após alguns minutos de ultrassom e inúmeras viradas para cá e para lá, para "pegar bem o ângulo" do meu bebê, o médico suspirou e disse:

— Luciana, tenho boas notícias e alguns pontos a serem explicados.

Para mim, foram segundos de expectativas tão incertas, eu não sabia o que ele queria dizer com aquilo. Foi quando prosseguiu:

— A boa notícia é que o seu bebê está ótimo nos quesitos coração, cérebro, pulmão etc. Mas...

Parece que essas reticências se tornaram muitos minutos, ou até mesmo horas para mim.

— Mas... o seu bebê está com os rins alterados, e do lado esquerdo ele possui um encurtamento femural bastante significativo.

Quando me deparei com essa notícia, parece que o meu sangue saiu completamente do meu corpo. Fiquei, por uns instantes, como se estivesse num vácuo, sem som, sem pensar, sem ter controle de mim. A minha razão me tranquilizava, dizendo que não era nada, mas, ao mesmo tempo, vinham milhares de perguntas. Porém, estava eu ali, deitada naquela cama, na sala de ultrassom, com o meu médico me falando "tecnicamente" quais eram as possibilidades daquilo que o meu bebê apresentava.

Como entender tantas coincidências? Eu, de uma cidade do interior, fui para outra, a 130 quilômetros de distância da minha, para fazer o pré-natal, em função do meu plano de saúde. Acabei escolhendo a cidade que a minha irmã morava. Só depois fui entender que ela seria também uma peça fundamental no acolhimento e amor dado nos primeiros dias após o nascimento, diante da nossa fragilidade inicial.

O médico obstetra indicado pela minha irmã acabou me indicando outro para fazer o ultrassom. Inicialmente, era para descobrir o sexo do meu bebê, pois ele era especialista em crianças com má formação, o que não era o meu caso, segundo o que me foi dito na nossa primeira consulta. Então, 24 semanas depois, eu me tornei esse caso.

Hoje, entendo que nada é por acaso, Deus nos ajuda tanto, que vai colocando anjos em nosso caminho, para que possamos seguir. Médicos, fisioterapeutas, amigos, enfim, pessoas que nos acolhem, nos orientam e nos dizem palavras certas nas horas certas!

Eu estava ali, deitada na cama, na sala do Dr. Kleber, sem entender a minha nova condição. Totalmente impotente, insegura, frágil e sem a mínima noção do que fazer. Justo eu? Uma pessoa autossuficiente, profissional competente, bem-sucedida, sem medo de nada, determinada, perfeccionista, que gosta das coisas organizadas, corretas, nos seus devidos lugares.

Como eu não pude fazer a minha melhor obra nas condições que eu julgava perfeitas? Por que falhei? Qual a minha parcela de culpa nisso? Nas semanas seguintes, tivemos momentos de dor, insegurança, angústia, orações. Tudo em silêncio, poucas pessoas sabiam, além do meu marido, minha mãe, minha irmã, uma amiga e eu.

Mesmo assim, era algo que não dava para ser conversado, pois tudo era tão incerto, embora isso seja normal durante o final de uma gravidez, mas, para mim, o assunto acabava potencializando a minha fragilidade.

Hoje, percebo que tivemos mais momentos de alegria do que de incerteza. Cada movimento, cada dor na costela com o pezinho, cada expectativa de vê-lo chegar, com quem iria se parecer, enfim. Tenho que confessar, o medo era algo que me acompanhava todos os dias, em muitos momentos. Será que darei conta? Como será? Serei uma boa mãe?

Falo e repito, não somos preparados para ter filhos, mas, para ter filhos com alguma necessidade especial, a nossa insegurança é potencializada e multiplicada por dez!

Não sabia como ele nasceria, se sentiria dores em função do encurtamento, se engatinharia, se andaria, se iria mamar, se eu teria leite, se ele iria dormir bem, engordar, enfim, dúvidas que qualquer mãe de primeira viagem tem.

No dia 21 dezembro de 2009, ele chegou! O meu marido teve ânsia, dores abdominais, subiu a pressão. Todos estavam ansiosos pela chegada do nosso menino. Então, ele veio lindo, saudável, com uma boca que parecia um coração, de tão vermelha e carnuda, uma criança calma, de pouco choro, bem branquinho, com lindos cabelos alaranjados.

Sim, ele era ruivo! Não tinha como não me apaixonar! Lembro-me até hoje, quando a minha sogra, uma gaúcha de descendência alemã, séria, de pouca conversa, conheceu o netinho ainda no hospital. Parecia que olhava cada centímetro daquele serzinho. Admirada e orgulhosa, até que chegou na perninha. O meu coração veio à boca! Parecia que ela queria arrumar algum defeito na calça. Cheguei perto dela e disse: "Fique tranquila, está tudo bem. É assim mesmo... não é o macacão dele, mas uma perninha que é menor do que a outra". Ela não falou absolutamente nada, só o pegou no colo e começou a "niná-lo".

Cada acolhida, cada aceitação, cada olhar de amor e respeito me faziam, dia após dia, entender que ali existia apenas um detalhe diferente, como eu, meu marido, ou qualquer outra pessoa possui. Aos poucos, e com o tempo, aquela característica diferente se tornou um detalhe, mas ainda era importante, não sei se para nós ou para os outros.

A curiosidade, os olhares e os comentários me incomodavam. Mas, aos poucos, íamos entendendo a curiosidade das pessoas, a falta de conhecimento e, principalmente, a falta de sensibilidade em lidar com o novo. Para nós, também, o problema foi mudando de figura, fomos conhecendo mais, nos informando, buscando diagnósticos, prognósticos, tratamentos, enfim, imergimos nas resoluções práticas para o tratamento e locomoção dele.

E o incômodo tornou-se secundário, pois tínhamos tantas outras prioridades, víamos várias outras possibilidades, coisas boas, histórias lindas e vitoriosas. Entramos num mundo completamente diferente, percebemos que o diferente existe em todas as partes e, muitas vezes, o nosso olhar é comodista ao achar que ninguém mais tem problemas, somos os únicos sofredores. Quanta ignorância!

Existiram tantas pessoas, falas, mensagens, conversas, livros que, dia após dia, mostravam uma maneira diferente de enxergar aquela situação. Assim, como num quebra-cabeça, fomos juntando as peças, aparando essa ou aquela aresta de insegurança, mudando os nossos conceitos e entendendo que ali existia uma pessoa maravilhosa, que tinha muito mais do que uma perninha maior ou menor. Existia um menino forte, inteligente, sensível, que iria nos surpreender por sua sabedoria, bravura e maturidade.

Um dia, me disseram que ele escolheu ser meu filho. Essa colocação acalentou o meu coração. E a pessoa ainda continuou: "Não é à toa que ele veio à sua família, sua casa... ele tinha que ter vindo e feito a história dele com vocês!".

Por mais que a minha religião não acredite muito nesses "conceitos", essa fala me marcou de tal maneira que me impulsionou a virar a chave. Ressignificar esse fato, essa situação, foi algo transformador e curador! Mudar o significado de algo que poderia trazer dor ou sofrimento em algo que era motivo de crescimento, renovação, desenvolvimento pessoal e familiar foi essencial para que conseguíssemos enxergar sob outra ótica.

Nitidamente, a mudança ocorreu quando parei de me achar vítima e me tornei protagonista, dona daquela situação que me foi dada de presente, para que eu pudesse me desenvolver, aprimorar os meus conhecimentos, habilidades, paciência, humildade e a capacidade de me reinventar.

Os problemas do dia a dia já não eram entendidos da mesma forma, a maneira de enxergar as coisas, aos poucos, foi mudando. A partir de então, comecei a perceber, para o meu próprio bem, e principalmente para o bem dele, o quanto era importante a nossa aceitação, honra e respeito a essa condição. E o quanto a nossa maneira de agir, de nos posicionar positivamente, com energia, coragem e otimismo, faria toda a diferença para a mudança do *mindset* dele.

Pensar e agir de maneira positiva, para que as coisas dessem bons resultados, frente às mais diversas situações, fazia com que tudo caminhasse melhor. Não existe aquela frase que reclamar é repetir o clamor e o protesto? Então, agíamos, caíamos e levantávamos, nos reinventávamos a cada situação diferente, pois, finalmente, entendemos que tínhamos esse presente conosco e que deveríamos viver o melhor com ele e para ele. Acredito que isso tenha refletido diretamente na maneira de ele se enxergar, se aceitar e se posicionar.

Como sempre trabalhei fora, logo após a minha licença-maternidade, ele já foi para a escolinha, lugar em que ele ficou até entrar no primeiro ano. Foi lá que engatinhou, deu os primeiros passinhos, e isso foi motivo de muita alegria e choros de emoção por parte dos professores e funcionários. A cada superação dele, a vitória era nossa! Sempre foi acolhido e protegido por todos, mas sabíamos que isso não seria sempre assim, pois o mundo lá fora é maior do que os espaços protegidos da nossa casa, escola, família etc.

Quando teve que mudar de escola para ir para o primeiro ano, a professora me chamou para conversar sobre um fato ocorrido no primeiro dia de aula. Uns dois ou três meses após o fato, ela me disse:

— Luciana, nesses meses trabalhando com o Matheus, estou descobrindo uma criança tão maravilhosa e de um coração tão bom! Ele me surpreende a cada dia! No primeiro dia de aula, quando ainda estavam se conhecendo, uma das crianças disse que não queria brincar com ele, pois tinha três pés.

Na época, ele usava uma órtese na perna esquerda e o sapato desse lado era posto no pé da órtese. Então, para quem visse de frente, realmente parecia que ele tinha três pés.

E ele disse ao novo colega:

— Eu não tenho três pés! Tenho uma perna menor do que a outra e preciso usar uma bota, e ela é do Homem Aranha! (ele sempre queria um personagem novo nas órteses).

Mesmo após a explicação, a criança não quis brincar com ele. Ela me contou isso com os olhos cheios de lágrimas, e eu também estava bastante emocionada, pois não queremos nunca ser rejeitados! Ainda mais quando se trata dos nossos filhos. Aí perguntei:

— E hoje, como está a relação deles?
Então, ela me disse sorrindo:
— Hoje eles são bem próximos e o menino chega a chorar quando ele não é escalado como melhor amigo dele!
Como não se encher de alegria? Quanto orgulho cabe numa história dessa? Não sei dizer! Quanta autoaceitação? Quanta serenidade de entender a vontade do outro? Quanta capacidade de perdão e superação para estabelecer uma relação de amizade, mesmo após uma rejeição? Isso é lindo! Um aprendendo a se reconhecer e o outro aprendendo a entender que as pessoas são diferentes, mas nem por isso são piores ou melhores!
Acredito, verdadeiramente, que a vida é um eterno aprendizado. Entendo que as oportunidades são únicas, então, por que perdemos tanto tempo olhando os problemas apenas da maneira sofrida, colocando-nos como vítimas da situação?
Quantas vezes somos perfeitos fisicamente, mas não conseguimos enxergar o que está diante de nossos olhos? Não conseguimos falar o que deve ser falado. Não por uma deficiência, mas por uma insegurança interna. Quantas vezes não nos movimentamos, não porque temos limitações físicas, mas sim por que não somos capazes de agir de maneira livre e segura?
Hoje, percebo, vendo o meu filho em suas inúmeras superações, que os limites estão em nossas cabeças. Sei que Deus ou o Universo, talvez, tenha nos dado a oportunidade de enxergar a vida e as pessoas de outra maneira.
Eu não sei qual é a sua limitação, se passa por alguma situação similar à minha e se, de alguma forma, ainda não sabe lidar tão bem com isso. O importante é que entenda que para tudo existe um propósito, então acredite, você é a pessoa certa, na hora certa, embora as coisas muitas vezes pareçam incertas. Descubra a sua força! Não é à toa. Quem sabe você não foi escolhido?

Capítulo 7
Mãe solteira não, mãe

Marilene Gonçalves

Mulheres fora de série

Marilene Gonçalves

Mãe da Patrícia, Soraya, Marcos Antônio, Thuany Kamila, Taísa Bruna, Andrea e Luis Augusto (*in memoriam*). Avó da Júlia Gabriela, do Bruno Henrique e da Alícia Manuela. Empreendedora, cristã, dona de casa, conselheira de mães (orienta sobre a criação de filhos) e a mãe e avó que todo filho e neto gostariam de ter. Uma de suas grandes virtudes é ajudar o próximo e os animais. Cursou até a quarta série primária e aprendeu a ler e a escrever aos 55 anos de idade. Exemplo de força, garra e superação para seus amigos e para quem a conhece.

Contatos
marilenegoncalves3101@gmail.com
Instagram: @maecalves
(62) 98447-4436 / (62) 3206-5284

Mãe solteira não, mãe

Quando uma criança vem ao mundo, tudo o que ela deseja é ser amada e acolhida. São os braços aconchegantes da mãe que, em primeiro momento, trazem esse conforto e a certeza de que esse bebê receberá todo o carinho que merece. Eu cheguei ao mundo cheia de vida e em um momento de muitas incertezas.

Minha mãe passava por muita dificuldade na época, ano de 1955, ela foi mãe muito jovem e eu era a sua primeira filha e meu pai não me assumiu. Aos seis anos de idade, por algum motivo, ela me deu para a minha tia Maria (*in memoriam*) me criar. Essa tia me acolheu e me ensinou muito do que pude trabalhar durante toda a minha vida. Eu era uma criança e mal alcançava a pia para lavar as panelas e pratos, depois que todos comiam. Em vez de estar na escola ou brincar como as outras crianças faziam, eu tinha que fazer as obrigações da casa primeiro.

Aos nove anos de idade, minha tia me deu para minha avó me criar. Por ser boa de trabalho, toda a família queria ficar comigo por um tempo, e até os 12 anos eu ficava de casa em casa. Aos 13 anos de idade, minha mãe mandou me buscar para morar com ela em Brasília, pois ela teve meus irmãos e precisava que eu a ajudasse. Nessas mudanças, eu comecei a estudar, aos dez anos de idade, o que sempre foi complicado, pois eu não tinha uniforme, nem material escolar, muito menos sapatos. Sofri muito *bullying* e preconceitos por isso.

Nunca parei em escola, pois, quando eu começava a estudar, tinha que trabalhar e era difícil conciliar as duas coisas. Mas mesmo em meio a todas essas dificuldades, me esforcei e fiz até a quarta série primária, pois dizia para mim que pelo menos o meu nome eu saberia escrever, e isso aconteceu aos 14 anos de idade.

Na época, eu trabalhava como doméstica durante o dia e estudava no turno da noite, em Brasília. Assumi muita responsabilidade desde cedo, tudo o que eu ganhava dava para minha mãe, pois ela havia se separado do pai dos meus irmãos e passávamos muitas dificuldades.

Mas o tempo foi passando, eu fui crescendo, me tornei uma adolescente com a força de um adulto precoce. Trabalhava muito e sempre gostei de fazer o meu melhor para cada pessoa que me abria uma porta de emprego. Agarrava a oportunidade com muita vontade, pois queria sair daquela realidade e não via a hora de crescer.

Eu era uma moça muito bonita, enfrentei muitos assédios e fugia de todos eles, mas, de um, fui surpreendida no caminho da escola. Nessa época, eu tinha entre 16 e 17 anos de idade e namorava um rapaz, mas o seu irmão, bem mais velho que eu, me cobiçava muito. E, em uma das minhas voltas da escola, ele me estuprou. Ele não se conformava por eu ser tão linda, namorando o seu irmão e ainda ser virgem.

Para mim, foi um tormento. Fiquei sem chão, com muito medo, mas ele era rico e, mesmo eu contando para minha mãe tudo o que havia acontecido, ela não pôde fazer muita coisa.

O meu namoro com o seu irmão acabou, pois ele se recusava a acreditar em mim. Após um mês, comecei a passar muito mal e descobri que estava grávida. Fiquei desnorteada, pois o que eu queria era estudar, trabalhar e ter uma vida melhor e não ser uma mãe na adolescência, sem o mínimo de condições financeiras e muito menos vítima de um estupro. Mas o que fazer? Eu tive que assumir aquele desafio no momento, sem entender muita coisa. Não poderia desistir daquele bebê.

A minha barriga estava crescendo e minha mãe teve que mudar de bairro. Precisei deixar o meu emprego e fui trabalhar em uma pensão com várias mulheres. Eu não tinha documentos e uma das moradoras da pensão me ajudou a tirá-los. Quando estava perto de ganhar o bebê, fui para a casa da minha mãe e, para dar à luz, o meu irmão me levou ao hospital, pois ela tinha feito cirurgia recentemente na veia aorta e não poderia me acompanhar.

A minha filha recebeu o nome de Andrea e nasceu doente em um hospital sem recursos. Eu avisei ao pai dela o que havia acontecido, mas ele não fez nada. Ela nasceu com sapinho na boca, que segundo a MD Saúde é uma infecção da orofaringe provocada pelo fungo *Candida albicans*. Os médicos diziam que ela não tinha nada.

Em um dos procedimentos que os médicos fizeram, eu voltei para casa e, durante a madrugada de domingo para segunda, ela faleceu dormindo nos meus braços, um mês após o seu nascimento. Entrei em choque, fiquei desesperada, sem saber o que fazer. Durante todo esse processo de enfermidade da Andrea, o pai dela nunca a ajudou e me disse que a tomaria de mim, pois eu não tinha competência para criá-la.

Eu havia combinado com ele que a entregaria na segunda-feira, exatamente no dia do seu falecimento, mas, ao invés de entregá-la viva, ele teve que buscá-la no necrotério, para fazer o seu enterro. E assim fui eu, ele e a minha tia enterrar a Andrea.

Não tive tempo de viver o luto e nem de sofrer, e mesmo em meio à dor, me mudei para Goiânia, pois não suportei ficar naquele lugar. Comecei a trabalhar em várias casas, fazia faxina, lavava roupas e vários outros trabalhos domésticos. Precisava me reerguer.

Completados 18 anos, voltei para Brasília, tive vários serviços e continuei trilhando o meu caminho, até conhecer o gerente do banco onde eu buscava o pagamento da pensão alimentícia dos meus irmãos. Ele era mais velho que eu, mas eu achei nele a felicidade que nunca tive, ele gostava de mim, me levava para passear, me presenteava e tinha orgulho de andar comigo. Mas essa felicidade durou pouco e, numa das minhas voltas ao banco, para pegar o dinheiro para minha mãe, uma mulher, que era apaixonada por ele, disse que ele tinha ido embora, se mudado para longe e que não queria saber de mim. Descobri mais tarde que tudo foi uma grande mentira dela para nos afastar e ela conseguiu, nunca mais nos vimos.

Eu segui a minha vida, com a cabeça erguida e a esperança de que um dia outro "príncipe encantado" pudesse aparecer e seríamos felizes para sempre. Os anos se passaram e não foi bem isso que aconteceu.

Entre idas e vindas por Brasília e Goiânia, me tornei uma moça com muitas responsabilidades. Trabalhava muito, mas sempre que podia, também me divertia um pouco, como toda jovem no auge dos seus 19 anos de idade. Eu já era uma mulher, mas não entendia nada sobre prevenção, cuidados da mulher, enfim, todas as informações que, normalmente, as mães precisam dar as suas filhas. Sexo naquela época, 1975, ainda era um tabu.

Conheci um rapaz, muito amigo da minha prima. Ele se encantou por mim, começamos a namorar e, na primeira vez que ficamos juntos, eu engravidei da minha segunda filha, a Patrícia. Até pensei que ele fosse assumir, pois éramos vizinhos, mas, infelizmente, não foi isso que aconteceu. Ele e a família dele viram a minha filha crescer e nunca a apoiaram em nada. Quem me ajudou a ter um parto digno foi a minha tia, que era madrinha da Patrícia.

Eu pensei comigo, não quero perder a minha filha e peço a Deus para que ela não nasça doente, mas tive uma surpresa ao vê-la, tão pequenina, nos meus braços, no hospital, assim que nasceu. O médico me disse que ela tinha nascido com pés tortos congênitos, o que me fez passar por uma etapa dolorida.

Com ela ainda bebê, entre várias cirurgias e internações no hospital, para que os seus pés ficassem normais, mais uma vez, tive que lidar com uma nova fase na minha vida, cheia de superação de preconceitos, dificuldades e muitos desafios. Eu tinha pouco apoio e a Patrícia precisava de muitos cuidados, mas ela crescia forte, cheia de vontade de andar e aos poucos a vida foi se organizando. Eu não poderia desistir jamais. Sabia que Deus me daria força naquele momento e que era preciso ter fé e determinação.

O tempo passou e eu tive mais cinco filhos. A Soraya, com aqueles cabelos lisos pretinhos, parecendo uma boneca, nasceu dois anos depois da Patrícia. Mais tarde, nasceu o Luís Augusto, que veio a falecer um mês depois, por causa de um engasgo e falta de atendimento médico. Dois anos após esse trágico acontecimento, Deus me abençoou com o nascimento de outro filho, o Marcos Antônio, grande, cheio de vida e saúde. Passados nove anos, nasceu a Thuany, muito linda e cheia de vida, e um ano após, a Taísa, bela e cheia de saúde.

Os meus filhos cresceram sem a presença de um pai, mas eu assumi os dois papéis, e eles assumiram muita responsabilidade, desde cedo também, pois eu não ficava presente o tempo todo, porque precisava trabalhar. Não tínhamos casa, morávamos de favor em um quarto que era a cozinha da casa da minha avó e eu trabalhava dia e noite para sustentá-los e ainda ajudar a minha mãe.

Coloquei todos os meus filhos na escola pública, os incentivava a estudar e, apesar do meu pouco tempo livre, os educava e ensinava o que eu sabia. Participava das reuniões de pais na escola ou quando era chamada por algum problema com algum deles, dei-lhes princípio e ensinei todos a trabalhar. Dizia para eles que poderiam ter o que quisessem, desde que tivessem caráter, estudassem e trabalhassem, e mesmo de longe, muitas vezes, eu ficava de olho em tudo.

Escutei de várias pessoas que os meus filhos não dariam em nada, que não prestariam, que não teriam futuro, porque eu era uma mãe solteira. Preconceitos como, por exemplo, os meus filhos não poderem brincar com os filhos de vizinhos, e até mesmo dos próprios parentes, que falavam que eles eram más companhias. Para essas pessoas, crianças só seriam alguma coisa se fossem criadas em um lar que tivesse um pai e mãe casados, família bem estruturada.

Eu ficava muito triste com toda essa situação e enfrentei muita porta na cara para não me receberem com os meus filhos. Quando eu via que o preconceito passava do limite, eu me posicionava e me tornava a "leoa" que defende os seus "filhotes", colocava limites e muitas pessoas ficavam com medo de mim.

Encontrei pessoas no meu caminho que me ajudaram muito, e a elas agradeço todos os dias, mas também encontrei pessoas que me viraram as costas nos momentos em que eu mais precisei na vida. Hoje, entendo que isso me fez mais forte e era o que eu precisava para seguir em frente sem olhar para trás, afinal, cada pessoa dá exatamente o que tem – e eu não tinha condições de exigir nada. E assim, eu seguia a vida, com fé e confiança de dias melhores. Eu me reinventava diariamente, afinal, "tudo de ruim que nos acontece é para melhorar."

Meus filhos eram responsáveis, tinham princípios, valores, caráter, eram focados em estudar, trabalhar e crescer na vida de forma honesta. Felizmente eles não escutaram as palavras negativas e não se apegaram aos preconceitos que sofreram, pelo contrário, usaram isso como motivação para crescerem de forma honrosa. Acredito que quando uma pessoa tem que prestar, ela presta e não há nada e ninguém que possa mudar isso.

Por muitos anos me sentia culpada por não ter ficado mais perto deles como eu gostaria, porque tinha que trabalhar e tinha medo de que eles pudessem crescer revoltados, mas, ao contrário, hoje eles se orgulham e cuidam de mim.

Nunca tive grandes ambições na vida, o meu sonho era ter a minha casa própria, depois me aposentar, escrever um livro e ter um abrigo de animais. O sonho da casa própria se realizou quando a Patrícia comprou uma casa para morarmos – do tamanho de uma família. E o sonho da aposentadoria veio, com o apoio do meu filho, Marcos Antônio. Agora, a realização do meu terceiro sonho, o de contar um pouco da minha história neste livro. Quem sabe, alcançar o próximo sonho possa se realizar em breve também. O que tiver que ser será!

O meu sonho de um casamento "feliz para sempre" ainda não aconteceu. Estive com muitos "amores", sim, estive. Essa é a palavra, pois não os tive. As únicas pessoas que eu tive e que tenho e que me amam incondicionalmente e cuidam de mim, independentemente dos meus erros do passado, sempre foram e são os meus filhos.

Eu me sinto uma mãe realizada e, hoje, vejo que o pai de cada um dos meus filhos foi um instrumento usado pelas mãos de Deus para me dá-los de presente.

Se você é uma mãe solteira ou conhece uma mãe solteira que pensou em desistir, saiba que um filho é uma bênção em sua vida. Sinta-se privilegiada por ter sido escolhida, você é especial!

Não desista jamais! Lute, trabalhe, vença, tenha princípios, fé e esperança e ensine isso para seus filhos. Dê-lhes educação, é isso que os levará mais longe, independentemente de ter nascido em um "berço de ouro" ou "sem berço". Saiba que caráter é algo com que nascemos e cada um escolhe o seu caminho. E, por fim, tenha respeito pela sua história, ela não é melhor nem pior do que a de ninguém, é simplesmente a sua história.

Não existe rótulo para "mãe". Solteira ou casada, os seus filhos vão chamá-la de mãe, e é isso que vale a pena!

Esta é a minha família, meus filhos e netos. E ela está crescendo.

Capítulo 8

Comunicação como habilidade essencial para negócios, gerenciamento de crises e promoção do diálogo

Monique Lopes Borges de Melo

Mulheres fora de série

Monique Lopes Borges de Melo

Bacharel em comunicação pela Universidade Federal da Bahia (1992). Sócia-fundadora da Texto & Cia – Assessoria de Comunicação. Certificação NLP *Licensed Practitioner* pelo The Next Level – São Paulo; *Date of Destiny* com Tony Robbins – Florida; Theory and Tools of the Harvard Negotiation Project – Cambridge/ EUA; *The Inner Game of Life by Timothy Gallwey* – São Paulo. Primeira vice-presidente da Rede Brasileira de Comunicação Empresarial. Filiada à Aberje (Associação Brasileira de Comunicação Empresarial), Abracom (Associação Brasileira das Agências de Comunicação) e RBCE (Rede Brasileira de Comunicação Empresarial).

Contatos
www.textoecia.com.br
monique@textoecia.com.br
Facebook: Monique Melo
Texto e Cia – Assessoria de Comunicação
Instagram: textoecia
comonique
LinkedIn: Monique Melo
(71) 99982-8806

Comunicação como habilidade essencial para negócios, gerenciamento de crises e promoção do diálogo

> "Comunicação não é o que você diz, é o que os outros entendem."
> David Ogilvy

Você já observou a sua forma de se comunicar? Quem chega primeiro, a sua imagem ou a sua voz?
Eu tive que aprender a me comunicar de forma convincente, desde muito cedo. Com o apoio de duas grandes mulheres, minha avó, Donana, e minha mãe, Kissinha, cresci otimista e guerreira nas dificuldades. Por isso, a menina tímida, magra e escondida atrás de grossas lentes dos óculos usou a arte da comunicação como forte aliada para se fazer ouvida, conquistar as pessoas e construir a sua trajetória profissional. Aprender, viajar e conhecer gente sempre fizeram os meus olhos brilharem. No vestibular, para colaborar com um mundo mais justo e buscar a verdade, optei por jornalismo.

Dizem que é a profissão que nos escolhe. Eu acredito. Depois de passar por TV e jornal, logo que me formei, fui trabalhar na assessoria de comunicação de um banco, e assim descobri o que queria fazer pelo resto da minha vida. Dois anos depois, em março de 1995, segui o meu coração e abri uma agência, a Texto & Cia – Assessoria de Comunicação, para fazer as marcas se comunicarem, atingirem seus públicos-alvo e terem sucesso.

Era o meu nascimento como empresária. Estratégica, mesmo jovem, não coloquei o meu nome na empresa nem a chamei de assessoria de imprensa, como a maioria fazia na época. Decidi também não atuar mais em veículo algum e trabalhar como acreditava, inspirada no que via acontecer nos grandes centros urbanos.

Tudo que merece ser feito, merece ser bem feito!
Num mercado pequeno, difícil e predominantemente masculino, fui imprimindo o meu nome com muita determinação e

criatividade. O início foi duro, exigiu muito empenho e paciência. A atividade era nova, surgiu logo depois da ditadura, quando as empresas começaram a sentir necessidade de se relacionar com a mídia e não sabiam como. Muitos empresários não entendiam por que precisavam dela, não diferenciavam de publicidade e resistiam a pagar por algo sem garantia precisa de retorno. Ainda por cima, realizado por uma garota recém-formada.

 Sempre comemorei cada pequena vitória, gostei de surpreender com muita gentileza e respeitei com devoção cada profissional envolvido no processo, independentemente de cargo. Quanto à pouca idade, driblava lembrando que aprendemos também com as experiências dos outros. Para diferenciar de propaganda, costumava explicar que não vendemos, convencemos a comprar, com informação relevante. Entregávamos ao jornalista aquilo que ele necessitava: a notícia, primando por uma relação amigável e de comprometimento. Palavra, para mim, é inegociável. Afinal, o nosso serviço tem base na credibilidade.

 A realidade era bem diferente da atual, a mídia convencional reinava soberana na veiculação das notícias. A estrutura era verticalizada e o público as recebia passivamente. Imagine o impacto de uma matéria negativa! E o que tínhamos que fazer rapidamente para não macular a imagem da empresa citada. Por isso, desde o início, não foquei só na imprensa. Como gestora de comunicação corporativa, cuidava da relação com todos os *stakeholders*, inclusive funcionários. Foram muitas ações, eventos, campanhas internas, *media training*, sugestões de entrevistas, matérias, brindes, gerenciamentos de crise e espaços pioneiros nos veículos para ter o nosso cliente conhecido e reconhecido.

 Cada dia na agência me fez crescer e amadurecer como pessoa e profissional. Conheci e participei de muitas histórias de sucesso ao lado da minha equipe. Com o olhar constantemente atraído para a forma como a mensagem é transmitida, fui aos Estados Unidos conhecer a oratória de Tony Robbins, considerado o maior estrategista de vida e carreira do mundo, que prende a atenção do público por horas ininterruptas. Como sonhei, não encontrei rotina nem fronteiras na minha atividade e testemunhei de perto o desenvolvimento da minha cidade e do meu país.

 Escutando atentamente as necessidades do mercado, fomos traçando a comunicação mais assertiva para fortalecer a reputação das marcas e de seus representantes. Hoje, na era da instantaneidade, parece inacreditável que chegamos a editar *house organ* (jornal empresarial) para veicular quase um mês depois. Mas se há uma lição que quem passou por televisão não desaprende é buscar a excelência num curto espaço de tempo. Nos adaptamos rapidamente, aliás, a única constância nessa área é a mudança, que acompanha o próprio ritmo da sociedade. Para quem ama, como eu, novidade, desafios e, principalmente, o ser humano, estava no lugar certo.

O avanço tecnológico revolucionou a comunicação. Depois da *internet*, vieram as mídias sociais, conectando as pessoas e dando voz aos usuários. Num primeiro momento, as empresas se assombraram com a avalanche de informações sobre seus produtos e a possibilidade de interação direta com seus clientes. Depois, passaram a perceber como poderiam se beneficiar com a novidade. Atenta e inquieta, nunca deixei de estudar, me atualizar, e foi um processo natural levar a nossa *expertise* para o mundo *online*, criando serviços como, por exemplo, gerenciamento de redes sociais e produção de conteúdo para múltiplas plataformas.

O consumidor se tornou cada vez mais exigente e pronto a opinar. Nesse cenário, surgiram novos atores, como os influenciadores digitais. Com a rapidez na disseminação da informação, o estrategista de comunicação com habilidade em crises se tornou indispensável e um grande diferencial. Por isso, hoje, para a minha realização, é uma das tarefas às quais eu mais me dedico. Além da experiência adquirida na relação com a imprensa, passamos também a contar com mais canais, inclusive da própria empresa, para dar a nossa versão dos fatos, interagir com o público e administrar uma imagem positiva.

Na rede, cada pessoa também virou um veículo, que impacta não só a sua imagem como o local em que trabalha. Por isso, todo cuidado é pouco. Analise o contexto e use o bom senso nas mídias digitais:

✓ Se perder a calma e estiver com raiva, não poste nem responda, você pode se arrepender depois;

✓ Evite assuntos polêmicos como política, futebol e religião, salvo se você tiver propriedade sobre o assunto;

✓ Não ofenda minorias. Em alguns casos, pode ser enquadrado como crime;

✓ Evite xingar e usar termos chulos. Procure ser educado e respeitoso;

> ✓ Dê importância a quem merece, o silêncio também diz muito;
>
> ✓ Por motivo de segurança, tenha cuidado ao expor a sua vida pessoal, gastos e patrimônio. Assim como de terceiros;
>
> ✓ Não compartilhe sem checar a fonte e ter certeza da veracidade. Pode ser *fake news*;
>
> ✓ Não é recomendável postar fotos íntimas ou em situações vexatórias;
>
> ✓ A ética deve ser a mesma da vida real;
>
> ✓ Apenas poste conteúdo e fotos da empresa que trabalha com autorização;
>
> ✓ Lembre-se de que precisa também de autorização para publicar imagens de crianças e pessoas públicas. Não se arrisque se estiverem em situação imprópria.

Atenção: comunicação não é óbvia.

Podemos dividir sua estrutura em três partes:

7% - Verbal (as palavras)
38% - Entonação (tom de voz)
55% - Linguagem corporal (comunicação não verbal, o corpo fala)

Um dos primeiros ensinamentos que recebemos é aprender a falar, o segredo é usar essa habilidade adequadamente. É preciso atenção, cada ser humano tem sua história, valores e crenças. O óbvio não existe! Óbvio para quem? Daí tanto ruído e desavenças entre pessoas, empresas e nações. Invista na sua comunicação, ela vai lhe levar longe.

Desde que a *internet* se consolidou, passei a me atualizar com temas como neurolinguística, psicologia positiva, física quântica, meditação, ou seja, busquei o caminho do autoconhecimento e desenvolvimento humano, fazendo cursos dentro e fora do Brasil.

Eu queria mesmo era entender mais de gente, o que me ajudou muito a continuar influenciando a opinião pública, gerenciar crises e ir além do *media training*. Há alguns anos comecei o *coaching* de comunicação para desenvolver essa ciência em jovens, executivos, artistas e políticos. Entrei também no campo da mediação, quando os envolvidos chegam a um entendimento, tenho um sentimento pleno de alegria e gratidão. Conecto-me com o divino e tenho certeza de que descobri o meu propósito.

No treinamento de porta-voz para atender a imprensa, sempre começo com essa máxima: veja o que fala, imagine que está diante do advogado do seu pior inimigo, tudo pode se voltar contra você. E mais, cuidado com o que diz sem verbalizar: suas expressões, o que deixa à vista no seu escritório e até a maneira de receber mostram muito de você. Atualmente, com as redes sociais, *Big Data*, ferramentas de inteligência artificial, as informações estão mais expostas e disponíveis. Comunique-se em seu favor e trace estratégias para conseguir o que deseja.

- ✓ Conheça o perfil do seu interlocutor, sua cultura e procure pontos de identificação: um *hobby*, um amigo em comum, um livro;

- ✓ Seja objetivo e claro. Cheque se está sendo entendido;

- ✓ Exemplos, fotos e gráficos ajudam a esclarecer e provar;

- ✓ Se usar termos estrangeiros ou técnicos, traduza. Nem todos têm obrigação de saber o significado;

- ✓ O como é mais importante do que o que você fala;

- ✓ Seja corajoso e criativo. Se já tem o não, lute pelo sim, sem ultrapassar os limites do outro;

- ✓ Fazer perguntas é uma grande maneira de induzir o outro a ver um novo ponto de vista e dar continuidade ao diálogo.

- ✓ Valide o que ouve e explane o seu posicionamento;

- ✓ Foque nos fatos, opinião cada um tem direito a ter a sua e deve ser respeitada;

- ✓ Ouça muito e não interrompa, ganhará subsídios para a sua fala;

- ✓ Dê o tom do diálogo, não se altere e não leve para o lado pessoal;

- ✓ Procure ser empático;

- ✓ Gentileza, elogio e sorriso funcionam em qualquer língua e lugar do mundo, são universais.

A escolha é sempre sua

É imperativo se posicionar de maneira eficaz e rápida, principalmente diante de uma crise. Como a empresa soluciona um problema é que faz a diferença na sua reputação. O desafio é escolher o foco certo, falar o necessário e agir. Comunicar é um processo contínuo, pede flexibilidade e mudança de rumo até alcançar o objetivo.

Cada indivíduo é único e, como ser social, é influenciado pelas pessoas ao redor e acontecimentos vividos. Portanto, analise o seu interlocutor e sua cultura para acertar na escolha do discurso. Controle a emoção, esteja presente e com ouvidos atentos. Não podemos perder a nossa capacidade de conversar, expor pontos de vista, mesmo que discordantes e aprender com o outro. Quando a comunicação acontece, entramos no campo mágico da harmonia e do entendimento.

Não desista, troque de caminho!

Referências
FISHER, Roger. *Como chegar ao sim*. Rio de Janeiro: Sextante, 2018.
O' CONNOR, Joseph. *Introdução à programação neurolinguística: como entender e influenciar as pessoas*. São Paulo: Summus, 1995.
ROSENBERG, Marshall B. *Comunicação não-violenta: técnicas para aprimorar relacionamentos, pessoas e profissionais*. São Paulo: Ágora, 2006.
VIANA, Francisco. *Comunicação empresarial de A a Z*. São Paulo: CLA, 2004.

Capítulo 9

A vida que deseja se realiza quando você se posiciona

Patrícia Gonçalves

Mulheres fora de série

Patrícia Gonçalves

Empreendedora; CEO da Cocriarte Produções; idealizadora e coordenadora editorial do livro Mulheres fora de série. Criadora dos modelos Empreendedorismo Cocriativo, Mind´s Position e do Programa MNC — Meu Negócio de Coaching. Career Master Coach e Mentora de Líderes e Coaches; Escritora e Palestrante; ajuda profissionais a se posicionarem na carreira e nos negócios. Graduada em Gestão Tecnológica de Hotelaria e Turismo (CEFET-GO), há mais de 25 anos no mundo corporativo. Possui formações em Knowledge Management — HDI, EUA; Personal & Professional Coaching — Sociedade Brasileira de Coaching; Analista Comportamental; Business, Executive, Leader Trainer & Master Coach pelo IBC — Instituto Brasileiro de Coaching e The Inner Game of Life com W. Timothy Gallwey. Certificações internacionais em Center of Advanced Coaching — Behavioral Coaching Institute, Global Coaching Community, European Coaching Association, Metaforum International, International Association of Coaching e IAC Coaching Masteries, The Inner Game of School from EUA.

Contatos
www.patriciagoncalves.com
patricia@patriciagoncalves.com
Instagram: patricia.goncalves.oficial
cocriarteproducoes
Facebook: coach.patriciagoncalves
Cocriarte Produções
(11) 99670-6380
WhatsApp: (11) 98135-4975

A vida que deseja se realiza quando você se posiciona

Quando você era criança, o que gostaria de ser quando crescesse? O que passava em sua cabeça aos sete anos de idade? Quem o incentivava a ter os seus sonhos? Seus pais, avós, amigos, professores? O que a sua criança diria para o adulto que você se tornou?

Jim Rohn, escritor, afirma que somos a média das cinco pessoas com quem mais passamos o tempo. Isso nos remete àquele dizer popular: "Diga-me com quem andas e direi quem tu és."

Eu fui uma criança sonhadora e, na maioria das vezes, o meu mundo diferente era só meu e isso seguiu comigo ao longo da minha vida. Via possibilidades onde a maioria das pessoas só via problemas e dificuldades. Sonhar era algo tão distante que me lembro de ser podada algumas vezes quando sonhava alto, como, por exemplo, fazer um curso superior, ter uma casa própria, um carro, me tornar uma empresária, palestrante e, imagina, escritora. Algo distante demais para a menina que não andava com perfeição, não tinha casa para morar, filha de "mãe solteira", que começou a estudar aos sete anos de idade, a trabalhar desde muito pequena, ajudando a mãe a lavar roupas e fazer serviços domésticos na casa dos outros, que passou por muitas dificuldades financeiras, a ponto de passar fome. Hoje, sei que o que as pessoas viam em mim era o que elas enxergavam sob a ótica delas e não a minha.

Todas as dificuldades que vivi me levavam a buscar uma saída desde cedo, e aprendi a empreender com o que tinha nas mãos, o que chamo, hoje, de economia criativa. Quando eu era pré-adolescente, lembro-me de vender manga na porta de casa, para juntar um dinheiro e comprar o que precisássemos para comer. É claro, não fazia isso sozinha, estruturava toda uma logística e, junto com a minha irmã, irmão e um primo (todos menores que eu), saíamos para vender as mangas mais bonitas.

Depois de vendidas, eu contava o dinheiro, dava a comissão para cada um e pegava o restante para comprar o que dava. Quando sobravam mangas, sentava em um banquinho na porta da minha casa, lendo uma revista velha e, quando alguém passava, as vendia... O fato é que percebi que dava para ganhar um dinheirinho vendendo manga, porque observava as pessoas chegando no portão de onde eu morava, pedindo a fruta. Então, pensava, se tinha gente interessada, tinha oportunidade de venda. E dava certo, até a próxima estação chegar e ter mais mangas para vender.

Aos 14 anos de idade, trabalhava para um órgão público e ganhava pouco, mas conseguia comprar alguns livros usados, pegava outros na biblioteca e, quando não tinha, tirava a cópia da página que tinha que estudar. Aos 16 anos, para ter um dinheiro a mais para pagar meus livros e cursos, comecei a vender produtos de beleza em revista também. Mais tarde, aos 19 anos, trabalhando em um cartório, continuava com a revista de cosméticos e ainda pegava roupas em consignação para vender, e comprava roupas melhores, pois não tinha condições de comprar boas roupas, bons sapatos.

Cresci usando muitas roupas e sapatos usados de outras pessoas, me reinventando em meio a um caos que eu não via, pois enxergava apenas a oportunidade que estava ali na minha frente e o que eu poderia ganhar com aquilo.

Eu via gente e enxergava oportunidade. Então, cresci nesse movimento, um fixo e um variável. Trabalhei como vendedora de cosméticos em loja e, mesmo assim, vendia roupas, produtos de beleza em catálogo, ajudava a minha mãe a fazer faxinas nas casas dos clientes dela aos finais de semana. Trabalhei em cartório, fazia nascimento, casamento, divórcio, reconhecimento de paternidade, mas, para aumentar a renda, além de tudo o que eu vendia, ainda aproveitava a oportunidade de algo que as pessoas odiavam fazer, mas que dava uma boa comissão extra, que era dar plantão em funerária aos finais de semana, fazendo registros de óbito.

Confesso que não era um trabalho muito agradável, porém era lícito, eu sabia fazer bem e acabei negociando um valor diferenciado no cartório, pois nem todas as minhas colegas gostavam de desempenhar essa tarefa e, por vários meses, fiquei como plantonista de registro de óbito em funerária. Em todas essas situações, me posicionava, levantava minha mão e abraçava as possibilidades.

Eu sabia o que não queria... E o que eu não queria era passar tanta necessidade quanto a que eu passava. Queria ganhar o suficiente para pagar os meus cursos, comprar livros – eles me abriam tanto a mente, ampliavam a minha visão, me traziam a possibilidade de conhecer pessoas diferentes. E os meus estudos me salvaram e me ajudaram a conquistar um trabalho melhor do que o outro ao longo dos anos.

A vida que deseja se realiza quando você se posiciona

Eu tinha sonhos, sabia onde queria chegar e o conhecimento me abriria portas para eu ter uma vida melhor. E, mesmo com pouco tempo e espaço para estudar dentro de uma casa de um quarto e uma cozinha, onde eu morava junto com minha mãe e meus quatro irmãos, entre a fase da adolescência até os meus 24 anos de idade, eu não desisti. Se não tinha espaço para estudar, também não poderia tirar a privacidade da minha família, então ia para bibliotecas à noite, depois de voltar do trabalho, e ficava até meia-noite estudando.

Às vezes, esperava todos dormirem para estudar também. Aos finais de semana, ia para cursos técnicos, de inglês e, na fase do vestibular, não perdia uma aula. Enquanto os meus amigos estavam namorando, eu estava estudando. Eles até tentavam me tirar de casa, mas eu tinha um objetivo e queria alcançá-lo muito rápido, o que me fez ser bem tardia para namorar e assumir compromissos mais sérios. E, ali, me posicionava pouco a pouco dentro do mundo que tinha escolhido para a minha vida. E, assim, segui.

Uma das fases mais difíceis da minha vida foi quando adoeci por uma causa desconhecida. Naquela situação em que eu estava vivendo, deitada em uma cama, sem poder comer direito e andar, e contando com a ajuda da minha irmã e mãe para tomar banho, me via sem saída, pois não conseguia me movimentar, e o máximo que eu saía era empurrada em uma cadeira de rodas pela minha mãe, em um hospital, para investigar o que tinha. Tudo o que eu sonhava era sarar logo e voltar a trabalhar.

Diariamente, pedia para Deus um milagre, alguma solução, pois vi que não dependia mais de mim... O meu corpo não acompanhava a minha mente e, toda vez que tentava me levantar, caía. E assim foi por um ano, época em que sofri demais e cheguei a pedir em oração a morte, caso Deus não tivesse a cura e um propósito maior na minha vida. E assim Deus fez, passei pela última prova, uma hipotermia que quase me levou a uma parada cardíaca, mas, hoje, estou aqui para contar resumidamente essa história – pois Ele tinha um propósito maior.

Aconteceram muitas coisas a partir dali que fizeram eu me posicionar em tudo. Não tinha vergonha de pedir emprego, mostrava o que sabia fazer e me colocava à disposição para aprender de tudo e, com a minha proatividade, crescia nas empresas, até chegar ao ponto de escolher se queria continuar no mesmo lugar ou procurar outra empresa onde eu pudesse evoluir.

Minha mente estava nos meus sonhos, me preparava para conquistá-los e, por vezes, sofria de solidão por diferenciação – quase ninguém acompanhava o meu ritmo frenético. Minha mente estava posicionada em um mundo diferente do meu meio, ela estava nas histórias de vidas bem-sucedidas que eu escutava e lia nos livros e nas revistas, pois, mesmo que ninguém acreditasse, sabia que um dia chegaria lá e que tinha um caminho a ser percorrido, mesmo que ele não fosse fácil. Deus sempre esteve comigo me orientando e me fortalecendo.

> Somente novos caminhos nos levam a novos horizontes.
> **Patrícia Gonçalves**

Os anos se passaram, comecei a ter trabalhos mais desafiadores, passei a gerir grandes projetos e liderar pessoas, me aperfeiçoei por meio dos estudos, desenvolvimento pessoal, e aquela menina frágil, quieta, calada, mas com personalidade forte, precisava ganhar mais força, sair do casulo, como uma borboleta que precisava ser transformada se quisesse voar com as próprias asas por novos horizontes.

Comecei a realizar alguns dos meus grandes sonhos, como passar em uma faculdade federal, depois graduar-me e, antes disso, ter o próprio negócio em sociedade, no ramo de consultoria empresarial, e trabalhar em grandes empresas multinacionais, comprar a casa própria, ter o próprio carro, fazer cursos mais caros e internacionais, para continuar me desenvolvendo como pessoa e profissional.

A partir daí vieram algumas grandes viradas importantes, como abrir um negócio próprio de *Coaching* e Educação Corporativa, sem sócio, em 2013, com quase nada de dinheiro e, em 2015, me mudar com as minhas roupas, sapatos e livros para São Paulo, com um contrato fixo em uma empresa internacional. São Paulo foi a cidade que escolhi para morar, fazer carreira e constituir uma empresa, deixando para trás a minha família, amigos e tudo que eu havia construído até o dia que resolvi partir. Eu sabia que tudo que construí tinha bases sólidas, mas que era preciso desapegar, esvaziar a mochila, se eu quisesse voar mais alto. Não foi fácil e ainda não é, tenho família grande, somos muito unidos e, em São Paulo, a minha vida é totalmente diferente.

Nessa cidade, tive a oportunidade de realizar trabalhos para grandes empresas, com todo o conhecimento que adquiri ao longo dos anos e que nunca deixei de aprimorar. Aprendi a me posicionar de degrau em degrau, superando meus limites e adversidades, inovando em meio aos "nãos" e "sins" que eu recebi ao longo do caminho, dentro da segunda maior metrópole do mundo.

Reestruturei a minha empresa, ampliei os meus horizontes, estabeleci um negócio dentro do propósito que escolhi para a minha vida e ganhei liberdade para realizar projetos em qualquer lugar que eu estivesse e para qualquer lugar que fosse necessário, não apenas no Brasil, mas em qualquer lugar do mundo. E se você me perguntar se eu cheguei aonde eu queria, minha resposta é: já cheguei e entrei em vários lugares muito maiores do que eu sonhei um dia, ajudei e ajudo grandes pessoas e empresas a realizarem os seus sonhos, mas continuo no meu caminho, pois o sucesso está na jornada e não no destino. Sinto-me realizada dentro das minhas escolhas, como pessoa e profissional, e sou referência no que faço.

> Não existem sonhos pequenos ou sonhos grandes, existem sonhos esperando que nos posicionemos para serem realizados.
> **Patrícia Gonçalves**

Ao longo de todos esses meus anos de vida, foi o fato de me posicionar que me levou a ter sucesso em todos os meus empregos, trabalhos, invenções, empreitadas e escolhas. É comum as pessoas acharem que o sucesso é fama, *status*, dinheiro, condição social favorável e que, com isso, se ganha respeito, autoridade, reconhecimento, mas sucesso é a realização de um feito, de algo bem-sucedido, que pensamos, elaboramos, nos posicionamos e que dá certo no final. Sucesso, para mim, sempre foi ter uma vida mais próspera do que a que eu tinha quando era criança, que pudesse realizar os meus sonhos e ajudar as pessoas a serem melhores e alcançarem seus sonhos também, sem perder a minha liberdade; fiz disso a escolha da carreira e do estilo de vida que queria seguir.

Entre erros e acertos, fui me posicionando com estratégias corretas, como me conhecer primeiro, adquirir conhecimento, reconhecer os meus verdadeiros valores e não corrompê-los e nem me desviar deles, eliminar minhas crenças limitantes e bloqueadoras, que me impediam de ousar e acreditar mais em mim, conhecer o meu propósito e minha missão de vida, me sentir pertencente ao que fazia, de forma inteira, e transcender os meus sonhos e conquistas, para continuar evoluindo.

Eu não sei qual é a decisão que precisa tomar em sua vida, mas eu o convido a se posicionar diante dela. Nem sempre será fácil, pois isso é desafiador, mas também é libertador e só depende de você.

E para começar a dar os primeiros passos, responda para si mesmo:

1. Quais são os seus sonhos?

2. Qual é o seu estado atual?

3. O que ainda não realizou, que, se realizasse, faria muita diferença em sua vida?

4. Como você quer estar no futuro? Com quem? Como você se vê?

5. O que precisa fazer para alcançar os seus sonhos? Para alcançar, o que você quer?

Agora que conheceu a minha trajetória de posicionamento e tem todas essas respostas em mãos, posicione-se! Siga em frente!

> "Assim como você pensa em sua alma, assim você é!"
> (Provérbios 23:7)

Capítulo 10

O seu passado não é o seu futuro, programe-se para vencer

Regiane Martins

Regiane Martins

Idealizadora do Método Programadas para Vencer. *Master Coach* Executiva e de Negócios (Development Institute). *Master Coach* (Center for Advanced Coaching/CAC, EUA). *Executive Coach* (Net Profit e Center for Advanced Coaching). *Practitioner* em PNL (The Society of NLP, EUA). Certificada em *Neurocoaching* (Instituto Brasileiro de Coaching). Gestão de pessoas (FGV). Coautora do livro *Coaching para aceleração de resultados*. Analista Comportamental DISC (TTI - Success Insight). Como treinadora pessoal e organizacional, desenvolve as melhores técnicas e soluções de desenvolvimento humano na atualidade.

Contatos
www.regianemartins.com.br
contato@regianemartins.com.br
Instagram: regianemartinscoach
Facebook: Regiane Martins Coach
(17) 99143-1072

O seu passado não é o seu futuro, programe-se para vencer

Perguntava-me o porquê, por que comigo? Por que eu? Será que eu merecia isso? Se as pessoas soubessem o peso de suas palavras, não as usariam para diminuir ninguém, principalmente alguém tão jovem como eu era.

Poderia ter sido diferente, mas, talvez, por ter apenas 15 anos, levei aquelas palavras ao pé da letra, como sentenças, por muito tempo da minha vida, até o dia em que descobri que já tinham causado danos demais, resolvi mudar o sentido delas por completo e me programar para vencer. Só que ainda hoje, se fechar os olhos, consigo ouvir:

— Você não é nada, não tem futuro, você não vai ser ninguém.

Essas palavras ecoavam lá no fundo da minha alma, e me fizeram rastejar como um verme, por alguns anos. Elas me deixaram tão vazia que um leve vento me levaria para qualquer lugar ou a lugar nenhum.

Muitas vezes, eu me encolhia no canto do meu quarto frio e úmido, entre a parede e o guarda-roupa, e lembrava disso chorando baixinho para minha mãe não ouvir. Afinal, essa dor era só minha, e de mais ninguém.

O pior é que eu sabia que tudo o que aquelas palavras diziam era apenas a verdade. E continuaria sendo, se eu ficasse ali, repetindo os mesmos comportamentos e atitudes de sempre. Afinal, nada muda se não mudarmos.

O tempo foi passando e eu continuava acreditando nisso, até que no meio da minha aflição uma amiga me disse algo que começou a mudar tudo: "Quem te define é o teu caráter, e não a opinião dos outros."

A partir daí tive uma chance de mudar o meu cenário! Até aquele momento, tinha aceitado aquelas duras palavras a meu respeito, como uma verdade absoluta, sem questionar. Caráter eu tinha de sobra e já era hora de parar de sentir pena de mim e vencer!

Claro que, na prática, isso era mais difícil do que parecia. Filha de pai tecelão e mãe costureira, morávamos na periferia de São Paulo, no fundo do quintal da querida vó Lina, com outras seis famílias. Conhecia de perto o medo e a sensação de impotência que o tráfico traz, mesmo quando seus pais amorosos fazem de tudo para lhe proteger e dão um duro danado para sobreviver.

Acreditando que eu só poderia ser alguém na vida se fosse bem-sucedida profissionalmente, desenvolvi uma secreta obsessão: virar o jogo completamente e mostrar para o mundo o quanto era capaz, o quanto poderia conquistar meus sonhos, ser e fazer grandes coisas, seria apenas uma questão de tempo.

Eu me preocupava em "ter" para "ser" e não o contrário, pois, naquele momento, isso é o que fazia sentido para ser admirada, para me sentir aceita e provar para o mundo que eu era, sim, uma vencedora.

E então as coisas começaram a dar certo: concluí o colegial de desenho de comunicação, mesmo sem saber desenhar direito (o que me abriu várias possibilidades profissionais), consegui empregos melhores, passei em vários concursos públicos (mesmo depois de dezenas de reprovações) e concluí a faculdade de direito (usando todo o salário para pagar a mensalidade).

Todo o meu preparo tinha dado àquelas palavras um novo significado e, cada vez que eu, exausta, pensava em desistir, elas me traziam a força necessária para continuar e fazer, sempre, um dia melhor do que o outro.

Eu tinha me tornado uma mulher forte e decidida. Ocupava um dos cargos mais cobiçados do tribunal e tinha aprendido que toda a minha força vinha daquilo que, antes, eu via como o meu maior fracasso.

No auge da minha profissão, tinha focado tanto no crescimento profissional que minha vida pessoal era um fiasco. Eu dizia que não tinha sorte no amor, mas, na verdade, não era bem isso o que acontecia. Eu já não me importava mais. Minha carreira era prioridade, o resto teria que se encaixar, simples assim.

Foi por isso que o amor chegou discreto, intenso e sem avisar, e rapidamente foi mudando meus dias, meses e, finalmente, mudou toda a minha vida. Era tudo tão perfeito que eu estava com medo, parecia bom demais para ser verdade, bom demais para mim, que, lá no fundo, "não era nada, não tinha futuro, não era ninguém". E olha aí, a velha história se repetindo em minha mente. Toda vez que eu saía da minha zona de conforto ainda via resquícios do lado mau daquelas terríveis palavras.

Junto com esse amor veio uma das mais difíceis decisões da minha vida: casar com o meu príncipe encantado e abrir mão da minha preciosa carreira (que lutei tanto para conseguir) ou continuar com a carreira e deixar o meu grande amor partir.

Fui tomada pela indecisão porque, se eu me casasse, teria que mudar para o interior e deixar a minha carreira para trás, abandonar tudo aquilo que levei anos para conquistar. Uma parte de mim queria ir, mas a outra exigia ficar. Uma parte via aquilo como vitória, já a outra, como fracasso. E por mais que me esforçasse, não conseguia decidir.

Depois de muito analisar, finalmente, resolvi encarar o desafio: deixaria carreira, família, amigos e a querida cidade de São Paulo para trás. Partiria rumo a uma vida nova, no interior.

Todo bônus tem um ônus e, no começo, sofri demais, a saudade era imensa, sentia falta da minha família, amigos, trabalho, da minha independência financeira. Parecia que tinha perdido a identidade.

Então, voltei a estudar para concursos e isso me mantinha tão ocupada que não dava tempo de pensar no que havia deixado para trás, até que chegou a hora de realizar o sonho de ser mãe. Aos oito meses de gravidez, fui chamada em um concurso de nível superior, e adivinha? Fui lotada longe demais e resolvi pedir exoneração, mais uma vez.

Com a chegada do meu primeiro filho, a alegria de ser mãe se misturava com a angústia de não ter mais tanto tempo para estudar, de não ter uma carreira brilhante para me orgulhar, e logo um desespero tomou conta de mim. Eu tinha tudo o que queria, mas faltava o meu lado profissional e isso estava me enlouquecendo. Então, minha família e uma babá entraram nos planos para cuidar do meu bebê e me ajudar a resolver isso.

Eu tinha grande foco nos estudos, mas ainda não era o suficiente, até que um dia, quando o meu filho tinha apenas dois anos, perdi a apresentação dele na escolinha e fiquei arrasada. Não sabia dizer, ao certo, quando ele tinha comido a primeira papinha ou que dia tinha começado a engatinhar, eu só pensava em estudar.

Percebi também que a admiração que o meu marido sentia por mim já não era a mesma, parecia diminuir a cada dia. A pior parte é que eu não fazia ideia de como mudar tudo isso, nem por onde começar.

Talvez estivesse perdendo os melhores momentos de minha vida, porque continuava obstinada a provar para o mundo que eu podia mais, que era alguém com um futuro profissional brilhante pela frente.

Naquele momento, a minha falta de amor próprio, de autorrespeito, a culpa e a baixa autoestima eram as minhas maiores companheiras. Eu, novamente, duvidava do que era ou de quem poderia ser ou fazer. Não gostava do que via no espelho, não gostava do que sentia e não acreditava mais em mim.

Comecei a pensar que aquela obsessão por concurso estava me cegando para outras possibilidades e, talvez, isso não fizesse mais sentido dentro da minha nova etapa de vida, ainda mais naquela fase, que tinha um novo bebê a caminho. De novo eu tinha que ter a coragem de aprender com os meus erros e corrigir a rota, mudar de estratégia, de planos, de profissão. Eu precisava resgatar a Regiane profissional, mas isso tinha que respeitar tudo o que era importante para mim, a começar pela minha família.

Quando conheci o *coaching* e o desenvolvimento humano, foi amor à primeira vista. Primeiro, como forma de autoconhecimento, autodesenvolvimento, depois, de desenvolvimento de outras pessoas e empresas.

Falar em metas, em realização e sucesso encheu a minha vida de alegria. Eu saí de um trabalho em que tratava de problemas e litígios para um trabalho em que lidava com soluções e melhoria contínua. Dediquei-me de corpo e alma a isso e o meu sucesso profissional foi, aos poucos, reconstruído, só que equilibrado aos outros âmbitos fundamentais para minha nova vida.

Há quase dez anos nessa trajetória, tive altos e baixos, momentos bons e ruins. Muitas vezes, me senti perdida e sozinha, mas continuei a caminhada, porque consegui resgatar aquela mulher programada para vencer, que sempre fez acontecer nos tempos mais difíceis de minha vida.

Entretanto, tudo isso só foi possível depois que consegui me perdoar por ter deixado a minha carreira para trás, por ter abandonado o caminho que eu tanto amava e me trazia segurança e orgulho.

Hoje, após atender centenas de pessoas, conhecer vários lugares ao redor do mundo, trabalhar com o que amo e viver com equilíbrio, percebi que era hora de multiplicar o meu trabalho e devolver ao Universo parte das bênçãos que ele me traz, alcançando o maior número possível de pessoas.

Com os meus estudos e experiência em atendimentos, idealizei o curso Programadas para Vencer, que ensina às mulheres como multiplicar seus resultados e alcançar alta *performance* no trabalho, sem abrir mão do precioso equilíbrio entre vida pessoal e profissional.

O grande segredo da vida de uma mulher programada para vencer é alinhar os seus valores com as suas metas. E, assim, alcançar equilíbrio e fazer a sua melhor limonada com os limões disponíveis, em cada momento de sua vida. Essa é a essência do curso.

A minha missão é ajudar mulheres comuns a se transformarem em mulheres tão especiais que até parece que têm superpoderes e, assim, também vou ajudando a transformar o mundo, porque elas iluminam seus lares, cidades e, por que não, nações!

Dessa forma, despertei para mais um grande sonho: viver em um mundo com mulheres mais fortes, felizes, com mais dinheiro e menos culpa, como são as vencedoras. Ganhar dinheiro é bom, mas não é o único elemento importante na conta da vida, não podemos substituir nossos preciosos valores, exclusivamente, por ele.

Em um dos casos que atendi, a minha cliente tinha a meta de montar o seu negócio num *shopping*, mas não conseguia ter atitude, porque isso confrontava diretamente o seu valor família, já que trabalharia sem parar, e ela tem filhos pequenos. Outra cliente queria aumentar o seu faturamento, também preservando tempo com a família e, para isso, teve que organizar a sua agenda, de forma a respeitar ambos os valores, e deu super certo, entre tantos outros casos que mudaram a história de várias mulheres, a partir desse trabalho.

Aliás, o que é vitória para você? O que faria diferença, hoje, na sua vida?

Uma mulher que sabe seus valores elimina crenças limitantes e quer ser vencedora, se destaca profissionalmente sem deixar para trás aquilo que é essencial para ela, seja sua vida pessoal, familiar, saúde, lazer etc. E a base para tudo isso é o autoconhecimento, um dos pilares da vida da mulher programada para vencer.

Assim, convido você a começar uma jornada e conhecer melhor a mulher incrível que existe aí dentro. Pegue uma caneta e vamos fazer um exercício juntas:

Mulheres fora de série

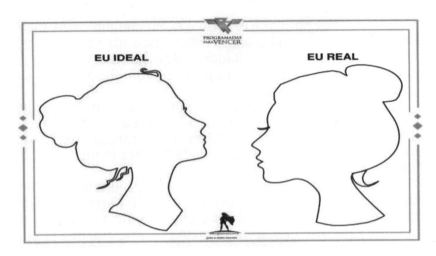

Agora descreva:

1) **A mulher ideal:** qual mulher você deseja se tornar? (descreva comportamentos, características e habilidades a serem desenvolvidas)

2) **A mulher real:** qual mulher você é hoje, com todas as suas características, qualidades e defeitos?

3) Compare as duas e planeje um caminho para alcançar esse padrão e se tornar a mulher incrível que você deseja.

Lembre-se: você não é o seu passado e, apesar de saber que ele tem influência sobre a sua vida, não é ele quem dita as regras, é você! Programe-se para vencer.

Referência
DEVELOPMENT INSTITUTE. *100 ferramentas de coaching*. São Paulo, 2017.

Capítulo 11

Autodescoberta, fortalecimento de identidade e a busca pela integralidade do ser

Tania Lima

Mulheres fora de série

Tania Lima

Facilitadora de processos de transformação, desenvolvimento, encontros e vinculações humanas. Psicoterapeuta fenomenológico-existencial; apaixonada pelo autoconhecimento e pelo ser humano; psicóloga graduada pela UFMA; pós-graduada em formação de consultores organizacionais pela FGV – Fundação Getulio Vargas. Dinâmica de Grupo e Relações Humanas pelo Centro de Dinâmica de Grupo e Relações Humanas – CDG – Recife. Atuação nas áreas da Psicologia Organizacional, Social, Clínica e Hospitalar – Hospital do Câncer Aldenora Bello. Terapeuta Reikiana (Reiki Usui Shiki Ryoho – 2017); em conclusão na Formação em Biodança pela Escola de Biodança – Sistema Rolando Toro; Constelações Sistêmicas Familiares pelo Instituto de Estudos Sociais e Terapias Integrativas (IESTI). Facilitadora em Eneagrana com formação em FESH - Formação Eneagrama Shalom.

Contatos
taniammlima@hotmail.com
Facebook: Tania Lima – Psicóloga
Instagram: tanialimaintegrativas
(98) 98773-1155

Autodescoberta, fortalecimento de identidade e a busca pela integralidade do ser

Eu sempre tive uma predileção pela busca da autenticidade e do fortalecimento do intitulado "diferente" nessa fantástica busca do homem por sua essência. É de uma riqueza sem igual poder me unir a outras pessoas que transformaram suas vidas e, com isso, contribuem no processo de tantas outras, por meio de suas buscas e desafios pessoais, pois isso é mobilizador e fortalecedor.

Quem somos? O que nos tornamos ao longo dos anos? Existe um padrão entre o certo e o errado, o bonito e o feio, o convencional e o original? Por que a sociedade quer pessoas iguais, se somos tão diferentes?

Eu não sei se você tem essas respostas, mas eu, durante anos de minha infância e adolescência, me inquietava com as perguntas e também não sabia o que responder. Até que quando cresci, descobri que era exatamente como deveria ser – simplesmente eu, em processo constante de crescimento. A caminhada com a psicologia, inicialmente, me ajudou a perceber isso, mas, para além da academia, a trajetória experimentada na própria vida é que foi trazendo as confirmações.

Há mais de dois milênios, Confúcio apontava o fato do inacabamento das pessoas e, em outras palavras, Roberto Crema nos diz que "nós não nascemos humanos, nós nos fazemos humanos". Alinhado ao pensamento de Jung, na sua abordagem de uma psicologia da maturidade, maturação é caminhada única, pessoal e intransferível.

O trabalho de autoconhecimento nos convida a revisitar cenários e pessoas que ajudaram a construir a nossa história, e isso nem sempre é uma tarefa fácil ou indolor. Perceber-se como ser inacabado, que se constrói dentro de seus desafios diários na busca por sobrevivência, por pertencimento ou por realização é um convite a uma caminhada que nos apresenta luz e sombras presentes em nós.

A minha "construção" como buscadora de respostas para tantas perguntas se faz de um tecer na vida pessoal e profissional. Filha mais nova de uma família de quatro irmãos, escolhi uma cidade "diferente" para vir ao mundo. A família maranhense morava então em Salvador e a minha vinda não foi algo planejado nem bem esperado, dado o contexto familiar daquele ano de 1978. O meu pai era gerente de uma empresa do ramo da construção civil, e a minha mãe era dona de casa, vivendo em uma cidade bem maior, com muitos desafios.

Embora muito trabalhador, ele se rendia, sempre que podia, aos chamados da terra do carnaval. Já a minha mãe, que não tinha o mesmo ritmo, ficava com a tarefa de cuidar dos filhos e da casa. Após uma gestação atribulada, um parto difícil, a baiana "estreou" sem muita música (o choro não vinha, pois não tinha como respirar, situação resolvida após alguns dias na incubadora do Hospital Sagrada Família, na Colina Sagrada da Igreja do Bonfim), na terra a qual tenho imensa gratidão.

Como em muitas famílias, as comparações entre irmãos aconteciam e as diferenças físicas não me eram tão favoráveis aos padrões de beleza. Vivia a tal "síndrome do patinho feio". A pele clara trazia o cabelo crespo contraposto à irmã morena dos cabelos bem lisos. Isso me rendeu o corte "Joãozinho" até a pré-adolescência. Lembro-me do dia em que fui questionada se era menina, pois "tinha cabelo de menino".

A autoestima crescia nesse contexto, de forma não tão alta. Minha irmã mais velha era uma referência para mim, alguém que se fazia presente com o afeto de uma mãe protetora. Além disso, era o meu padrão ideal de beleza, dado o sucesso que fazia. Não era doloroso estar nesse lugar, embora não me encaixasse no referencial de luz ou beleza.

De braços dados até então com a baixa autoestima, o primeiro namorado, também primeiro marido, veio aos 20 anos, meses após a entrada na faculdade de psicologia. A conclusão do curso, em 2003, coincidia com o casamento, que era motivado mais pelo desejo, não tão consciente à época, imaturo de ter a minha "própria família, casa e história", do que por ser fruto de uma decisão madura aos 25 anos.

Filha de comerciantes e irmã de administradores e economistas, acreditava que seguiria a minha trajetória profissional na área de gestão de pessoas. E assim foi por cinco anos.

Após uma breve passagem pelo universo dos motoristas de transporte coletivos, a primeira empresa em que atuei efetivamente foi a de limpeza urbana. Ali, conheci o universo dos agentes de limpeza e coletores de lixo. Algo já me inquietava nos programas de gestão, pois trabalhava com os colaboradores

Autodescoberta, fortalecimento de identidade e a busca pela integralidade do ser

dentro das salas de treinamento, sem ações desenvolvidas nos ambientes de trabalho deles, que eram as ruas.

Como praticar a empatia sem me colocar no lugar do outro? Aos poucos, fui organizando algumas ações junto a eles, e foi assim que tive a oportunidade de conhecer uma poetisa naquele grupo. Experiência rica que guardo com carinho.

Naquele período, após sete anos de relacionamento, decidi não mais sustentar o casamento de dois anos e a lacuna das diferenças e indiferenças na relação que me trouxe a lição do que seria uma "solidão a dois". Nada estava como eu havia apostado e, mesmo sem apoio dos familiares, que não encontravam motivos para a separação, ou justificavam algumas situações relatadas com o argumento de que enfrentar uma separação seria algo penoso e moralmente negativo, enfrentei sozinha os desafios de uma separação litigiosa.

Vendi o carro, quitei algumas dívidas e fui morar sozinha. Lembro-me de que, naquela época, nem mobília havia no apartamento, mas era o meu lar. Ali, vivi um período de força em que alguns amigos foram fundamentais. Meses mais tarde, surgiu um convite para trabalhar em uma usina produtora de álcool, no Sul do Estado. E para lá eu fui, para onde tinha muito sol, cachoeiras e muito aprendizado!

Trabalhar com cortadores de cana e toda a equipe administrativa e operacional foi desafiador! A empresa funcionava no alto de uma serra, a 40 minutos da cidade mais próxima. Morávamos em alojamentos e as visitas à família eram raras, pois havia uma distância de 12 horas de São Luís. Lembro-me de que um dos gerentes da área operacional, carinhosamente, me apelidou de "psicodoida", por mais uma vez querer conhecer todas as áreas e tarefas de perto.

Aprendia com o doutor em agronomia, engenharia, com o cozinheiro, padeiro, cortador de cana-de-açúcar. Acompanhando de perto a rotina de cada um, seria mais fácil aplicar as ações para a melhoria da qualidade na rotina profissional.

O apelido não me incomodava, ao contrário, confirmava uma característica: não ser adepta ao caminho da normose (termo referente ao conformismo e adaptação a um contexto mórbido em grande escala). O normótico conduz a um caminho de estagnação e, nesse contexto, nunca me atraiu.

Preferia os tidos como loucos, insanos, e mais do que isso, os corajosos ou guerreiros de uma luta, muitas vezes, solitária ou silenciosa. Uma luta interna busca viver de acordo com o seu chamado, a sua missão, vai contra todas as negativas da sociedade. Dentro, a alma parece gritar: "Seja e faça o que veio ao mundo fazer!". E a pessoa grita e se dilacera silenciosamente, muitas vezes, em uma dualidade que só pode ser vencida no mergulho profundo em sua alma. Afinal, não faz sentido querermos ser outra coisa que não nós mesmos!

Esse período durou até o tempo em que, após um ano longe, resolvi retornar a São Luís e pude conhecer o universo da segurança privada, vigilância e transporte de valores. Foram cinco anos na área de gestão de pessoas, mas uma inquietação me acompanhava. Questionamentos acerca do que de fato era a minha missão com o ser humano. Muitas vezes, era questionada por olhar mais o universo do trabalhador do que do empregador, e isso trouxe mais questionamentos internos. Porém, surgiu uma proposta para mudar completamente de área, junto a uma nova de mudança de cidade.

O convite era para trabalhar na Coordenação de Centro de Assistência Social, no interior do Estado do Maranhão, e minha atuação seria além da área social, as áreas de educação, saúde, orientação profissional e aconselhamento familiar. Esse foi outro grande desafio, principalmente porque nos três municípios em que trabalhei eu tinha que fazer muito com muito pouco.

Escutar aquele que nunca havia tido oportunidade de expor suas ideias, ou sequer acreditar em seus próprios sonhos, era algo forte, desafiador. O menino abandonado pelo pai, que não conheceu a mãe que morreu no parto e vendia verduras sonhava em ir embora pendurado em um caminhão qualquer, em busca de um lugar acolhedor e com sentido.

A mulher que, ao olhar no espelho e enxergar a alma que a habitava, deixava as lágrimas caírem. Ajudar dependentes químicos que se viam sem qualquer horizonte transformador de seus destinos, levando a oportunidade de dar novos sentidos a suas vidas. Ajudar famílias que tentavam se reerguer após histórias de violência doméstica. Esses são aprendizados que só a experiência do fenômeno da existência me trouxe. Sou grata aos mais de cinco anos de trajetória.

Nessa fase, conheci o meu segundo marido e pai do meu melhor presente nessa vida, o meu filho, João Pedro. O relacionamento durou quatro anos, porém as muitas diferenças culturais, de projetos de vida e de educação do filho foram mais fortes do que a paixão dos primeiros anos. João Pedro tinha um ano e oito meses quando vivi a segunda separação e, mais uma vez, decidi pela busca e oportunidade de aprender com as lições que a vida apresentou, enfrentando o desafio de ser mãe sem a presença do pai que, após a separação, se afastou e se ausentou completamente da vida do filho, repetindo um padrão familiar do seu próprio sistema.

Reconstruindo a vida mais uma vez, fui trabalhar em outra área que a psicologia me apresentava, outra grande escola: o Hospital do Câncer Aldenora Bello, onde atendi por três anos, concomitantemente ao trabalho na área clínica. Trabalhar com a oncologia e com várias realidades de finitude da vida me deram mais desejo de viver e ser tudo o que posso ser, ajudando outras pessoas a acreditarem nisso!

A vida me trouxe novos desafios, e o desejo de ir trabalhar com o ser humano, em uma visão mais integrada, encontrou tempo e espaço. O sentir com o outro, para além do pensar, projetar ou fazer, visitar tantas outras possibilidades legítimas de viver a vida a partir do que cada pessoa percebe de sua história, dentro de seu próprio sistema familiar ou organizacional.

Entre tantas mudanças na minha vida, desde a infância até chegar onde estou hoje, sempre tive um grande senso de que tudo de bom acontece na nossa vida, quando nos aceitamos. O propósito de ajudar os "excluídos" em vez dos "incluídos" veio da minha paixão pelo crescimento humano, com as dores e sabores que isso traz.

Com todas as experiências que pude vivenciar, aprendi que, em tudo o que fazemos, pensamos de verdade no que somos e em como buscamos sentido para nossa vida! Posso dizer que ser feliz e ajudar outras pessoas a buscarem essa felicidade em suas próprias histórias me move e sustenta! Tudo o que foi vivido fez e faz parte da jornada. Chamo isso de Jornada do Buscador.

Quando decidi abrir o meu espaço e atuar com outras técnicas terapêuticas integrativas, como consteladora sistêmica, terapeuta reikiana e com o eneagrama, deu muito medo. Medo de ser autônoma, de me estruturar sozinha, de trabalhar com algo inovador, mas o desejo de vencer sempre foi o meu combustível mais forte. Desenvolver algo que experimento e ensino transforma! Trazer a visão integrativa é viver uma visão inclusiva, que supera os reducionismos e integra todas as forças e dimensões do ser humano, nisso está o nosso maior propósito!

Todos nós queremos ser felizes e chegar ao fim da nossa vida com a certeza de que realizamos os nossos sonhos, de que somos protagonistas da nossa história. Mas para que consigamos isso, é preciso caminhar em busca dessa verdade dentro de nós! E isso só é possível quando nos conhecemos, nos aceitamos e acolhemos cada parte de nós mesmos, as nossas sombras, assim como a luz que habita em nós. E que consigamos, a cada dia, nos amar, nos aceitar, acolher a dor e, fundamentalmente, a delícia de ser o que somos.

Referências
BERNIER, Nathan. *O eneagrama: símbolo de tudo e de todas as coisas*. Brasília: Gilgamesh, 2005.
CREMA, R. *O poder do encontro*. São Paulo: Instituto Arapoty, UNIPAZ, 2017.
CUNHA, Domingos. *Crescendo com o eneagrama na espiritualidade*. São Paulo: Paulus, 2005.
HELLINGER, Bert. *A simetria oculta do amor*. São Paulo: Cultrix, 2006.
OSHO. *Maturidade: a responsabilidade de ser você mesmo*. São Paulo: Cultrix, 2012.

Capítulo 12

A importância do sagrado feminino nos relacionamentos

Tatiana Leite

Mulheres fora de série

Tatiana Leite

Formada em inglês pelo Lonestar Tombal College; intérprete de conferências e tradutora formada pela I2b; fundadora da Escola de Inglês Global Connection. *Coach* e palestrante de desenvolvimento pessoal e profissional, certificada pelo IBC – Instituto Brasileiro de Coaching. Certificada pelo Tony Robbins, em seu *Day Training*, para pautar ações em valores elevados e moldar qualidade de vida.

Contatos
tatianaleitelifecoaching@gmail.com
bit.ly/Blog_SagradoFeminino
Instagram: tatiana.leite_life.coach
(12) 99105-2254

A importância do sagrado feminino nos relacionamentos

Quem já passou por uma separação sabe que é muito difícil se desligar da outra pessoa, que dói e leva tempo para se curar, se reencontrar, antes de estar pronta para o novo. Todos os dias, os rompimentos são cada vez mais comuns na nossa roda de amigos, na nossa família, mas o que não é comum é saber que muitas mulheres ferem o seu sagrado feminino, quando simplesmente param de acreditar em si e passam a viver totalmente para o outro, esquecendo de sua essência e importância.

Carregamos uma bagagem emocional muito grande, temos muitas responsabilidades que sobrecarregam, de uma maneira muito forte, o nosso corpo e a nossa alma, nos fazendo esquecer quem somos e qual o nosso real papel no mundo.

Não observamos que, querendo ou não, estamos conectadas com nossas ancestrais. Repetimos muitos de seus padrões comportamentais e hábitos, até hoje, por meio do nosso DNA, então, é preciso observar, respeitar e honrar cada uma delas e ainda criar novos padrões para curar toda uma linhagem.

É por isso que ouvimos por aí que fulana está fazendo igualzinho à mãe, que fez igualzinho à avó, e assim por diante, até que nasce uma mulher que modifica totalmente o padrão de comportamento e se torna a referência de superação daquela família.

Quando eu era pequena, minha avó materna contava sempre para mim a história da minha tataravó. Ela não queria se casar. Ela era uma índia muito bonita e vivia livre pelas matas do sul de Minas Gerais, aproveitando cada minuto de sua liberdade em sua tribo, quando o meu tataravô se apaixonou por ela, e tudo se transformou. Ele era dono de terras e, de certa forma, exercia poder naquela região, mas ela não queria e nunca quis se casar, foi obrigada.

Ele era poderoso, a minha avó contava que ele a pegou pelo laço, daqueles que se laça gado no pasto, e eles se casaram. Ela contava essa história com muito pesar e raiva, porque sabia o que eu fui entender anos depois, que a minha tata tinha perdido a sua liberdade, ela já não seria mais a índia que vivia a fazer o que queria, seria domesticada e, a partir daquele momento, deveria servir ao marido e à família.

Eu fico pensando quantas situações constrangedoras a tata não passou, quantas vezes ela chorou, lutou, brigou até ser vencida pelo cansaço. Como será que ela viveu durante esses anos de casamento?

Que força feminina ela passou para a geração seguinte? Como deve ter sido difícil para aceitar e seguir em frente, e como essa informação chegou até mim, depois de algumas gerações? Como esse acontecimento pode ter atingido o meu DNA? Porque eu também nunca quis me casar, nunca foi um sonho para mim, sempre quis estudar e viajar o mundo. A minha avó materna também não queria ter se casado, queria ter estudado e feito outras coisas em sua vida, mas isso não era permitido na época, e ela também se casou sem querer. Dizia minha avó que o tata era extremamente apaixonado pela tata, mas que o casamento deles tinha sido bem difícil.

O sagrado feminino é entender e sentir que a mulher é o grande portal de Deus para enviar humanos à Terra. Somos poderosas, porque carregamos a vida, e somos responsáveis por ela. O sagrado feminino é como um ritual em que entramos em conexão com as fases lunares, as marés, a nossa menstruação e a conscientização de todas as mulheres-deusas que existem em nós.

O nosso ventre é sagrado e tudo começa pela minha consciência em relação ao meu corpo e como ele funciona. Se eu entendo e respeito esse processo, a força espiritual feminina fica cada vez mais desenvolvida. Se estamos fortes, se somos amadas e respeitadas por nós e pelos parceiros, então a nossa intuição e feminilidade vibram em nosso favor, caso contrário, adoecemos de corpo e alma.

De certo modo, a vida mudou muito nos últimos tempos e atingiu diretamente os casais que, hoje, tentam criar um novo sistema de relacionamento. É difícil conciliar todas as tarefas e, muitas vezes, tanto um quanto o outro se perdem em funções e fracassam, não estão conectados com a sua espiritualidade, com a sua força ancestral, muito menos com seus protetores.

Já as mulheres, a cada dia, acumulam mais e mais funções, estão mais cansadas pelo acúmulo de tarefas e têm a vida sexual diretamente afetada, porque sabemos que a mulher precisa de preparação para sentir prazer e, se isso não acontece, a dor de cabeça vem mesmo, não tem desculpa! É como se o corpo dissesse:

"Não, eu não quero sexo, eu quero carinho e proteção". Entende por que a cabeça dói? Precisamos nos ouvir e respeitar.

Tudo é tão complexo e ainda temos que manter a chama do casamento, porque aquilo que o homem não acha em casa ele busca na rua. Odeio essa frase e escutamos ela a vida toda, não é mesmo? Crenças limitantes impostas pela sociedade para nos deixar com medo de sermos abandonadas ou traídas pelos nossos parceiros.

Quantas crenças mais não estão impregnadas em nossos romances? Quantas histórias de princesas e príncipes ouvimos durante nossa vida e, na vida real, esses contos se apresentam de forma violenta, por meio do domínio, medo, abuso, assédio.

É claro que existem relações equilibradas e felizes, e que bom, pois assim continuamos a acreditar que ainda é possível encontrar alguém especial. Agora, quando pensamos em nosso ciclo de amizades ou familiar, vemos muitas histórias de fracasso que terminaram em divórcio ou se mantiveram durante anos e anos, às vezes, até o fim da vida, para manter as aparências.

Quantas de suas amigas ou mulheres da sua família são realmente felizes em seus relacionamentos, respeitadas, que não vivem com medo ou insegurança de perderem seus parceiros, que não se submetem a muitas incongruências para se adaptar e se moldar aos desejos do outro, com a consciência de que seu sagrado feminino é diretamente afetado.

Quando se mata o sagrado feminino
O Brasil registrou 606 casos de violência doméstica e 164 estupros por dia, segundo a Folha de S.Paulo, de 9 de agosto de 2018, esses são os casos que vieram a público e foram denunciados à polícia. É uma violência silenciosa, porque envergonha a alma da mulher, a fragilidade, e é humilhante.

Você conhece alguma mulher que foi desrespeitada por seu marido, companheiro ou namorado? Que sofreu violência física ou psicológica? Você sabia que o alcoolismo, as drogas e os ciúmes são os maiores agravantes da violência doméstica?

Então, se o seu namorado bebe e faz escândalos com você, ou tem crises de ciúmes em público, tome cuidado, pois aí pode se esconder um manipulador que não demorará a roubar toda a sua vitalidade.

Aceite os conselhos de outras mulheres, de sua família, ou de mulheres mais experientes, peça ajuda, não confie em alguém que a faz se sentir triste. É ele quem tem problemas, não você, acredite!

Você, provavelmente, não estará preparada para curar as doenças emocionais do seu parceiro, por mais que acredite, e ainda pode acabar morrendo.

Somente quem, infelizmente, vivenciou um relacionamento assim é capaz de entender a seriedade em perder suas raízes, sua ancestralidade, sua conexão espiritual e ver-se, pouco a pouco, afundando na lama da mágoa, tristeza, depressão, baixa autoestima, vulnerabilidade e medo de ficar só.

Eu passei anos ao lado de alguém que eu jurava que poderia curar se eu desse todo o meu amor para ele, pois com esse amor ele ficaria bom. Porém, adoeci, deprimi e quase me esvaí no vento, de tanta tristeza...

Quando eu me vi
Eu já havia perdido três bebês por abortos espontâneos, em diferentes períodos do casamento, mas o mais difícil foi perder a minha filha de apenas dez dias, depois de seu nascimento. Morri com ela. Foram dias difíceis, cheios de tristezas, dores e a pressão de voltar logo à vida normal, como se isso fosse possível.

Sabia que nunca mais a vida e eu seríamos as mesmas, precisava entender tudo o que estava vivendo no meu casamento, começar a olhar para dentro de mim e, finalmente, compreender que nenhum desses processos eram normais. Eu não tinha consciência do estado de medo e insegurança que eu vivia, estava completamente desconectada da minha essência e de quem um dia fui.

As mulheres precisam ser cuidadas e protegidas por seu clã e por seus parceiros, principalmente durante a gravidez, mas ninguém as ensina. Não recebemos educação sexual e não sabemos como cuidar de nossa família. Às vezes, com todas essas mudanças de papéis na sociedade, o homem pode se sentir vulnerável para desempenhar seus valores e talentos, trazendo desequilíbrio e desconforto no sistema familiar.

A vulnerabilidade se instala na família, não sabemos como lidar com ela, terapia, religião, reconstrução podem surtir efeito a curto prazo, porém todos têm que participar, mas se ao invés disso se mantém o processo de anestesiar a própria dor, sem querer buscar ajuda e autoconhecimento, nada surtirá efeito a longo prazo. Até que a separação se torna inevitável, porque já extrapolou todos os limites da tolerância e, a cada dia, vai trazendo mais e mais doenças do corpo e da alma.

Eu já não me reconhecia, tinha perdido as minhas referências, não sabia mais quem eu era, estava fraca e não reconhecia

A importância do sagrado feminino nos relacionamentos

a minha fraqueza, estava com a alma doente e não reconhecia que precisava de ajuda.

Nesse processo, aprendi que uma mulher ajuda a outra, e a minha mãe estava lá, foi ela quem me disse que eu precisava ser cuidada e foi a primeira vez que aceitei. A alma estava em frangalhos, já não sorria mais, a minha luz havia se apagado.

Chorei por dias a fio. O cigarro tinha invadido a minha vida, era preciso deixar ir todas as tentativas fracassadas de manter o casamento falido e abusivo que eu vivia. Não era mais possível ter o controle de nada e eu precisava deixar ir para recomeçar.

Conheci e reencontrei mulheres maravilhosas que, pouco a pouco, foram me trazendo a cura que eu tanto necessitava, cada uma com o seu encanto e o seu talento foi me mostrando os novos caminhos que poderia escolher seguir. O círculo feminino, quando é ativado, se torna um portal poderoso de curas.

Aprendi que uma mulher cura a outra, que os chás, os mantras, as meditações, os círculos femininos, as danças circulares, as rodas de cura, a conexão com as águas do mar e com a natureza se tornam armas poderosas contra qualquer mal da alma.

Devemos ser amadas para florir, mas, primeiro de tudo, devemos ter amor próprio, entender que as mulheres são a extensão de Deus, somos poderosas, porque o nosso sorriso, o nosso olhar, a nossa amizade, cada gesto de ternura modifica a alma e a vida. O sagrado feminino é o amor exponencial por si e por todas as criaturas, não deve ser corrompido por "amores" que destroem ao invés de construir.

Quer ensinar ao mundo como amar outro ser? Ame-se, adule seus filhos e filhas, desde pequenos até adultos, afinal, todo mundo precisa de colo, ensine a importância dos relacionamentos saudáveis com respeito, mas sejam exemplos de amor em seu lar, não aceite a agressão de seu marido, companheiro ou namorado. A violência começa pequena e ninguém nunca sabe como pode acabar.

Aceitar que há momentos na vida em que precisamos ser cuidadas já é um grande passo para dar início à cura, se reconectar com as forças da natureza, fazer orações matinais, praticar esporte, meditar, respirar de verdade com a atenção voltada para o presente, deixar fluir seu espírito é um grande recomeço.

Preparar-se para o novo, para novas possibilidades, novos amores, novos lugares e permitir que novas pessoas entrem na sua vida se chama recomeço. Permita-se ir além, se libertar das amarras, transformar-se.

Despertar seus poderes abrirá portas para muitas possibilidades, quem sabe você pensa em ter o próprio negócio, fazer uma viagem dos sonhos, um intercâmbio, mudar de cidade, de estado ou de país, se reinventar e, a partir de então, se tornar referência para outras mulheres que, neste exato momento, passam por momentos de agonia ao lado de um opressor.

Que possamos ser livres e felizes para criar filhos em ambientes saudáveis, e que nunca nos falte sabedoria para recomeçar, e amor para acreditar que ter uma companhia que nos transborde valerá muito mais a pena do que alguém que nos complete ou esvazie.

A felicidade está na jornada, não no ponto de chegada, é durante o trajeto que as coisas mais maravilhosas acontecem, que as pessoas mais especiais se aproximam.

Ter coragem para criar um novo eu é o que me trouxe até aqui, que me fez traçar novas rotas para uma nova vida, continuar acreditando que o amor é algo divino para todos nós e ele existe!

Não é fácil quando o relacionamento termina, mas ainda bem que termina e que podemos nos desconectar dos padrões de nosso passado e desbloquear o nosso fluxo energético de prosperidade e amor, demora, é verdade, mas independentemente do tempo, garanto que valerá muito mais a pena do que continuar repetindo os mesmos padrões.

Surpreenda-se, construa o novo, fortaleça suas raízes, se respeite, honre a sua história, perdoe o outro e se perdoe, cada um fez tudo o que sabia e o que podia. Agora é hora de partir, entenda que é chegada a hora de navegar outros mares e criar uma nova história.

Capítulo 13

Eu tinha tudo para dar errado, mas descobri que o controle estava em minhas mãos

Tudy Vieira

Mulheres fora de série

Tudy Vieira

Empresária e *trainer* na Tudy Vieira – Orientação para Resultados. Administradora especialista em planejamento e gestão empresarial; *master coach* certificada pelo Behavioral Coaching Institute e reconhecida pela International Coaching Council. *Advanced master coach* certificada pelo Center for Advanced Coaching; *neurocoaching* pelo pesquisador do cérebro, Dr. Srini Pillay. Analista *Alpha Assessment* com os *trainers* internacionais Kate Ludeman e Eddie Erlandson; CBPA – *Certified Professional Behavioral Analyst* – Teoria Comportamental DISC; CPVA – Certified Professional Values Analyst – Teoria dos Motivadores. *Positive psychology coaching* – Sociedade Brasileira de Coaching; programação neurolinguística aplicada à comunicação e relacionamentos. Idealizadora do *Programa Controle 360°* para líderes e gestores.

Contatos
www.tudyvieira.com.br
contato@tudyvieira.com.br
Facebook e YouTube: Tuddy Vieira
Instagram: tudyvieira
(63) 3225-7535/ (63) 99203-1067

Eu tinha tudo para dar errado, mas descobri que o controle estava em minhas mãos

Sabe quando uma pessoa tem tudo para dar errado? Nasce em um lar com muitas dificuldades financeiras, escassez e ainda enfrenta distúrbios de aprendizagem e não se encaixa no padrão que a sociedade busca?
 Não sei se você nasceu com características parecidas ou se conhece alguém assim, porém posso afirmar que senti isso na pele. Eu era essa pessoa que tinha tudo para dar errado, mas mudei os parâmetros de minha vida e dei a volta por cima.
 Tive uma infância humilde, com muita dificuldade financeira. Lembro-me bem de que percebi essa realidade quando tinha uns seis ou sete anos de idade. Minha mãe, minhas irmãs e eu estávamos em um ponto de ônibus, à noite, para ir embora para casa. Chovia bastante, eu estava com muito frio, medo, fome e cansaço. Observei os carros passando, as pessoas confortáveis naqueles carros bonitos e me questionei por que eu estava na chuva, esperando um ônibus. Foi minha primeira percepção de que algo deveria ser mudado.
 Ao começar a estudar, percebi que tinha dificuldades de aprendizagem, isso porque o pensamento dispersava constantemente, prejudicando a retenção do conhecimento. Percebia que meus colegas de sala prestavam atenção no que a professora falava e eram mais efetivos no aprendizado. Eu simplesmente não me encaixava naquele ambiente. Só na fase adulta é que vim a saber que sou portadora do TDAH (Transtorno de Déficit de Atenção com Hiperatividade). Essa dificuldade deixou a minha autoestima baixa, pois não conseguia acompanhar o ritmo dos colegas. Inconscientemente registrei: era mais um aspecto que deveria ser superado.
 Minha família não compreendia muito bem o que ocorria comigo, afinal ela também não sabia do TDAH. Meus pais fizeram o que podiam dentro de suas possibilidades para eu estudar. Mas, à época, me sentia sem apoio, com muita angústia e tristeza, o que me levou a uma depressão entre a infância e adolescência, por achar a vida injusta comigo, pois nem as necessidades básicas eram completamente supridas. Na adolescência, eu tinha

que pedir emprestado roupa e sapato para minhas amigas se quisesse ir a uma festa e o sentimento que tomava conta do meu ser é que eu queria que tudo aquilo fosse diferente.

Pensava que poderia existir uma forma de melhorar de vida. Para complicar ainda mais, eu não tinha um bom relacionamento com meu pai. Ele era naturalmente rígido e vivia o espírito machista acentuado da época. Era difícil para todas nós. Seu comportamento controlador me incomodava bastante, pois eu não podia fazer amizade nem mesmo com mulheres.

Essa rigidez levou minha mãe a sair de casa, pois não aguentou aquela vida. Naquele momento, vi o peso da minha responsabilidade aos 12 anos de idade, pois teria que cuidar das minhas irmãs mais novas. Tinha muitas responsabilidades a enfrentar. E enfrentei.

Alguns meses depois, minha mãe retornou. Os anos se passaram, mas eu continuava com vontade de ter uma vida diferente e, aos 16 anos, conheci o meu primeiro esposo. Uma chance para a mudança de vida, de situação, de realidade: me casei! Ao me casar, antevi em meu esposo a esperança de ter uma vida melhor. Contudo, com o tempo, se revelou o sapo em lugar do príncipe! O tormento ficou pior.

À época, percebi que a iniciativa que havia tomado para transformar minha realidade em algo melhor tinha dado o efeito contrário. Minha vida havia sido transformada num inferno, me trouxe muita dor e sofrimento; eu era maltratada, sofria abusos verbais, físicos e minha situação havia piorado muito. Não tinha problemas financeiros, mas o meu casamento era péssimo. Busquei a liberdade em uma vida feliz, contudo, me vi dentro de uma prisão que eu mesma criei. Mas não desisti!

A personalidade de meu marido era de luz e sombra o tempo todo, de um lado o homem honesto, trabalhador e íntegro, do outro, bruto, sem inteligência emocional e agressor. Em uma das agressões que sofri, estava dormindo, acordei aos socos e pontapés, o rosto inchado e a cabeça com um caroço enorme. Precisei fugir daquela situação, saí cambaleando pela rua, sem rumo.

Ele me encontrou, pediu perdão, disse que me amava, que havia saído do controle e nunca mais iria agir daquela maneira. Confusa, pensei: volto com ele ou para a casa do meu pai? Qual lugar é menos ruim? Só sabia que não poderia fraquejar. Tinha que continuar buscando o mundo que havia sonhado. Por isso, tomei a decisão de continuar casada com ele. Custaram-me caros o aprendizado e a superação, pois ele continuou a me agredir, inclusive fisicamente, ocasiões em que eu fugia e ele sempre me encontrava, pedia perdão e... eu voltava. À época, morávamos no Pará, distante de minha família. Eu ainda estava perdida, sem uma direção segura para a minha caminhada.

Após algum tempo, nos mudamos para Goiânia, e as humilhações continuaram. Queria trabalhar e ele não deixava, falava que mulher tinha nascido só para procriar, ser dona de casa e não para trabalhar, e ainda dizia que já tinha casa, carro, moto, tudo o que uma mulher precisa. Só se esqueceu de que o mais importante eu não tinha: respeito e amor.

E o casamento seguia nesse ritmo, mesmo inconformada com a situação, escolhia ficar. Ele não queria que eu engravidasse: simplesmente não gostava de mulher grávida! Nesse momento comecei a virar a chave, pois queria ser mãe.

Quando engravidei, ele fugiu, ignorou sua responsabilidade de marido e pai, dizia que estava trabalhando e se envolveu com outras mulheres. Fui traída, humilhada, deixada sozinha em casa durante a gravidez, dei à luz sem ele ao meu lado, e só o reencontrei três dias depois. Mas a vinda da minha primeira filha me trouxe muita força e esperança de que a vida poderia ser melhor, que eu só precisava me posicionar e não aceitar mais aquela situação.

Esse momento chegou quando a Taís estava com oito meses de idade no meu colo e ele tentou me agredir fisicamente pela terceira vez. Não deixei. Apesar do medo que eu estava de morrer, gritei mais alto, me impus, disse que se me batesse iria para a cadeia. Ele ficou amedrontado. Mesmo com todo medo, venci essa etapa. Foi o início de um novo tempo.

Nunca mais tentou me agredir e, a partir daquele dia, ele começou a respeitar a nova mulher que eu havia me tornado. Fiz valer as forças de uma mãe! Dei um basta! E o próximo passo, então, era trabalhar. Sabia que seria outro grande desafio, mas arrisquei e fui vender enxovais. Ganhava o meu dinheiro, comprava o que queria e isso me empoderou mais. Até que, de novo, ele me traiu, e eu não aceitei, tomei a decisão de me separar.

Meu contexto tinha tudo para dar errado, mas descobri que poderia assumir o controle da minha vida.

Não foi fácil e fiquei oito meses separada, mas diante de tentativas diárias de me fazer perdoá-lo, e a situação financeira apertando, voltei para casa, mas coloquei a minha dignidade em primeiro lugar e minha posição firme fez com que ele mudasse a relação comigo e, a partir dali, descobri um excelente marido e pai, e mais: era possível o casamento que eu havia sonhado. Comigo deu certo, e se assim não fosse, a minha dignidade estaria em primeiro lugar.

Após oito meses, engravidei novamente. Dessa vez, ele ficou muito feliz, mas, um dia depois, morreu num acidente de moto. Aquela janela de felicidade se fechou com estrondo, me causando uma dor horrível, a ponto de quase perder a minha segunda filha, ainda na barriga. Porém, precisava reagir, pois tinha duas filhas e elas precisavam de mim como nunca!

Infelizmente, após a sua morte, tive que lidar com pagamentos de compromissos assumidos por ele em seus negócios. Paguei tudo e voltei à estaca zero – de repente, o patrimônio que tínhamos virou pó, fiquei completamente desprovida de recursos financeiros e com duas filhas pequenas dependendo de mim, uma de cinco anos e outra recém-nascida. Eu sabia: a partir daquele momento, eu enfrentava ou enfrentava, não havia meio termo.

Eu tinha que trabalhar mais do que nunca, pois precisava dar uma vida digna para minhas filhas. Consegui um emprego no qual ganharia apenas um salário mínimo, que só daria para pagar a babá, por isso não aceitei essa realidade e fui panfletar na rua, em semáforos, e me tornei excelente panfleteira, a ponto de virar supervisora e ter a minha própria equipe! Minha estrela começava a brilhar com intensidade.

Esse trabalho me abriu muitas portas. Fui convidada para trabalhar em uma empresa de grande porte, onde me envolvi com trabalhos e pessoas do universo *business*, inclusive empresas multinacionais, o que me ensinou muito do mundo corporativo e da relação com negócios de grandes proporções. Trabalhei por lá até que surgiu a oportunidade para mais um passo na construção de mim mesma.

Uma de minhas irmãs (adoro ela!) me apresentou a possibilidade de um novo desafio profissional, me chamou para ser sócia em uma empresa de cosméticos, em Palmas (TO).

Depois de um tempo, o negócio não foi para frente, pois nós não entendíamos de gestão, precificávamos errado, não sabíamos lidar com pessoas, *marketing*, processos e tivemos que fechá-lo, tornando o desejo de ser empresária uma grande frustração, mais uma barreira que me propus a vencer.

O aprendizado teve seu custo, pois vivia para aquela empresa, mas aprendi muito também, principalmente sobre o que a falta de planejamento, organização, liderança e autogerenciamento são capazes de fazer.

Nesse meio tempo, casei novamente e meu segundo esposo, um ser humano incrível, fantástico, me ajudou muito na minha trajetória de vida pessoal e profissional. Assumiu minhas duas filhas, tendo adotado a mais nova, me incentivou a estudar e, graças a esse apoio, aos 33 anos, iniciei a faculdade de administração. Ele queria o meu crescimento, me colocava para frente e vivemos, por 14 anos, um casamento harmonioso, de cumplicidade. Fomos muito felizes.

Ao me formar em administração e com o meu histórico de insucesso no negócio de cosméticos, quis contribuir com empresários para melhor gerir suas empresas e superar as dificuldades, afinal, eu já as tinha superado. Formei-me em um dia e, no outro, revesti-me de coragem, fui a uma empresa de Palmas oferecer-me para ministrar uma palestra (gratuita!). A partir dali, passei a vender o meu serviço: consultoria e treinamento para equipes. Estava empenhada em ajudar organizações a terem melhores resultados e, com muito esforço, consegui vender o meu trabalho para 26 empresas e, consequentemente, obtive o meu primeiro *case* de sucesso como administradora e mais um como mulher.

Lembro-me de que, com o meu trabalho, consegui economizar R$ 118 mil e, ao invés de comprar carro, roupa ou qualquer outra coisa, investi em cursos. Comecei aí uma grande e incrível jornada em busca de novos conhecimentos, desenvolvimento pessoal e certificação internacional. Descobri a minha missão, a fórmula para contribuir com outras pessoas a ter um negócio de sucesso de modo que consigam trabalhar e ainda viver a prosperidade.

Com isso, ao longo de onze anos de muito "sangue, suor e lágrimas", criei o Programa Controle 360º, que comprovou ser uma excelente ferramenta, que contribui e facilita a vida de milhares de pessoas e organizações. É altamente gratificante receber depoimentos como o de Douglas Pizatto Garcia, empresário, que disse:

> "Depois do seu curso, sou outra pessoa, em todos os ambientes da minha vida, você foi a melhor coisa que me aconteceu esse ano. Consegui tornar minha vida familiar mais harmoniosa, e consigo motivar cada funcionário. Peço que Deus lhe abençoe cada dia mais, para que você possa ajudar muito mais pessoas, como fez comigo."

Ou o de Paloma Arruda Ferreira Pincinato, empreendedora, que afirma:

> "Tive a oportunidade de mudar completamente a percepção sobre mim e, principalmente, sobre as pessoas que convivem comigo. Eu não tinha uma referência de uma mulher na liderança e, ao conhecer a Tudy mais de perto, encontrei uma líder que realiza, tem sucesso e vive na essência o que ensina. Isso, para mim, foi transformador."

Esses *feedbacks* são gratificantes e me mostram a cada dia como podemos ser diferentes do que nossa realidade nos impõe. Não somos repetição do passado, escolhemos ser aquilo que queremos, em qualquer área de nossas vidas. Todos aqueles obstáculos que enfrentei consegui transformá-los em alavancas para meu melhoramento e me tornar um ser humano mais resiliente.

Tudo começa a partir de um sonho. Quais são os seus grandes sonhos? Como você se vê no futuro? Convido você a começar a sonhar e assumir o controle da sua vida. Que tal começar a fazer isso agora? Vamos juntas.

1. Escreva tudo o que quer alcançar, não importa se os sonhos são muito grandes para você agora. Apenas sonhe!

2. Depois, defina o prazo em que quer alcançar esses sonhos. **CP: Curto Prazo** (um a três anos); **MP: Médio Prazo** (três a cinco anos); e **LP: Longo Prazo** (cinco a 20 anos);

3. Entre em ação! Prepare-se, movimente-se em direção a tudo aquilo que quer alcançar.

4. Crie o hábito de se perguntar, a cada atitude: isso tem coerência com a vida que quero ter?

Capítulo 14
Quebrando preconceitos no mundo da beleza

Walkiria Jardim
de Barros

Walkiria Jardim de Barros

Gestora de Beleza, Estética e Cosmética; Proprietária e *Hair Stylist* do Salão Kiras Cabelos Poderosos; graduada em Gestão das Organizações de Beleza pela UEG – Universidade Estadual de Goiás (2010). Extensão e Tecnóloga em Estética e Cosmética pela UVA – Universidade Estadual Vale do Acaraú (2013); especialista em cabelos crespos. Idealizadora e criadora de uma linha de cosméticos para cabelos crespos. Reconhecida como profissional, parceira e empresa destaque de grandes instituições, como a Vasco José Mota, ASCENDA – Associação de Empresários e Empreendedores, para o fortalecimento do afroempreendedorismo e pela excelência do trabalho e geração de empregos pelo SEBRAE–GO, entre outros.

Contatos
Kirajb43@gmail.com
Instagram: salaokiras
Facebook: Walkiria Barros
YouTube: kiras cabelo e maquiagem
(62) 98225-7674

Quebrando preconceitos
no mundo da beleza

Eu não sei qual é a sua cor, em que família você nasceu, se nasceu em "berço de ouro" ou veio de uma família com poucos recursos financeiros. Eu nasci em um contexto muito conhecido pela sociedade brasileira e que ainda enfrentamos sérios preconceitos até hoje, mesmo estando no século XXI.

Negra, nascida em um lar com poucos recursos, com pais que trabalhavam bastante para criar a mim e meus irmãos com muito suor, e que tudo que puderam nos dar foi educação, além de nos ensinar a sermos responsáveis e conquistar o que quiséssemos, desde muito cedo, com honestidade.

Seguindo os valores repassados pelos meus pais, assim eu fiz, iniciei a minha jornada muito cedo. Comecei a trabalhar aos 12 anos de idade como babá em um período e estudava em outro, e como eu e a minha irmã éramos as mais velhas, também dividíamos as responsabilidades de casa.

Os anos se passaram, concluí o segundo grau, dividindo-me entre os estudos e o trabalho. Nesse período, eu também fiz um curso de costureira e vi ali uma oportunidade de ter um trabalho melhor e de empreender. Então, comprei algumas máquinas e o que eu fazia e vendia ajudava muito nas despesas de casa, até que chegou um momento em que os resultados começaram a piorar, pois eu tinha muito serviço para fazer, mas não tinha mão de obra qualificada.

Essa foi a minha primeira experiência como empreendedora e, assim como milhares, fracassei em meu primeiro negócio. Não consegui levá-lo para a frente e tive que me desfazer de tudo o que tinha. Voltei a trabalhar como empregada, o que me fez compreender e rever os meus conceitos como empreendedora.

Naquela empresa que me contratou, eu começaria uma nova trajetória. Fui bem recebida pela maioria das pessoas que trabalhava naquele lugar, mas não fui recebida tão bem pela gerente de produção, de quem ninguém gostava muito. Porém, como eu precisava de dinheiro, não tive escolha e o jeito era saber lidar com aquela pessoa difícil, aborrecida e mal-humorada.

No entanto, aquela situação também me levou a ganhar mais força dentro daquilo que queria de verdade para a minha vida, e eu sabia que aquela fase seria passageira, até conseguir me reerguer novamente.

O tempo foi passando, usei cada dia de trabalho como um laboratório para me reciclar como empreendedora, aprendendo o que fazer e o que não fazer. Eu não queria mais trabalhar com confecção e montar o meu salão de beleza era o meu objetivo imediato.

Em uma manhã, me sentei na máquina que iria operar naquele dia e conversei com Deus: "Senhor, eu preciso do emprego, me dê uma direção, mude a posição dessa gerente ou me coloque em outro lugar". E, como uma luz divina, comecei a me aproximar mais dela e soube que o seu sonho era montar a sua confecção, só que não sabia como, pois não tinha ninguém para apoiá-la.

Devagar, fui contando o meu sonho para ela e percebi que ali poderia começar uma parceria para um novo empreendimento. Passamos a andar mais juntas e conheci a sua história de perto. Então, o nosso primeiro passo foi fazer um cartão de crédito para ela e, dali para a frente, direcionamos nossas forças para um único objetivo. A partir daquele momento, aquela mulher se libertou, ousou sonhar e planejar, comprou o seu carro, montou a sua confecção e hoje é muito feliz e bem-sucedida.

É natural do ser humano julgar pessoas sem conhecê-las, olhar o estereótipo é mais fácil, dá menos trabalho do que olhar por dentro, olhar o ser, suas dores, aquilo que é. Quando não entendemos o outro, não temos capacidade de estender a mão e, muitas vezes, o que ele precisa é que alguém justamente diga "Estou aqui para ajudar você, conte comigo", principalmente na vida de um empreendedor.

Empreender é viver numa montanha russa, entre medo e ousadia, entre esperança e sentimentos vulneráveis, entre o certo e o incerto, e o que o deixa em pé, muitas vezes, é a força que vem de dentro e muita fé em Deus. Ao ajudar aquela gerente, percebi que havia cumprido a minha missão e findado aquela história. A partir daquele momento, era hora de realizar o meu sonho, abrir o meu próprio salão.

Investi no curso de cabeleireiro. Na época, o meu pai trabalhava em indústria e o SESI oferecia cursos para filiados. Vi ali uma grande oportunidade e, apesar da grande dificuldade em que me encontrava, não a deixei passar. Trabalhava durante a semana e fazia o curso de aperfeiçoamento aos finais de semana, e também atendia clientes a domicílio, em horários agendados.

Como eu ainda trabalhava na confecção, encontrei muita resistência de algumas costureiras, quando precisava faltar ao serviço para me aperfeiçoar, mas entendi que aquilo fazia parte do meu crescimento e Deus, com sua infinita misericórdia, fez um milagre naquele lugar e as pessoas passaram a me ajudar.

Elas começaram a reconhecer os meus esforços e tudo o que aconteceu, mais uma vez, foi a força que eu precisava para que as coisas fossem para frente. Quando queremos muito alguma coisa em nossa vida, vamos encontrar "nãos" e esses são os mais frequentes, pois nem todo mundo vai compreender a sua jornada, que é feita, na maioria das vezes, solitária. Muitas pessoas vão chegar a dizer: "Desista! Você jamais vai conseguir! Para que tudo isso?". Mas Deus vem e diz: "Vá, que eu sou contigo! Seus sonhos são meus também!". E isso nos dá força para continuarmos seguindo em frente.

Concluí o curso em 1999, com o entendimento de que ali começaria a minha virada em busca do meu sucesso e reconhecimento profissional. Nessa época, também surgiu uma oportunidade de crescimento e eu comecei a fazer vários cursos para ampliar o meu conhecimento administrativo junto ao Sebrae-GO. Apaixonei-me pelo Projeto Metrópole, fiz todos os cursos e, pelo meu relacionamento e grande parceria, fui reconhecida pelo meu trabalho e pela geração de empregos que proporcionei.

Enquanto eu estava indo para o trabalho em outra empresa, no ramo de confecção, me peguei perguntando para Deus: "Senhor, até quando eu serei empregada?". E a resposta veio rápida, fui mandada embora da empresa e, com o meu acerto, comprei o que precisava para começar a montar o meu salão, no fundo da minha casa, com apenas três paredes e uma cortina para disfarçar. Continuei estudando e vendi uma moto que tinha para pagar um curso particular mais específico de corte e química, para melhorar o meu desempenho.

Encarei as dificuldades que surgiram no meio da minha jornada e, em meio aos estudos, trabalhava muito, de domingo a domingo, com sol ou com chuva e, muitas vezes, fechava o salão de madrugada.

Com o conhecimento que adquiri nos cursos, comecei a fazer empréstimos, e a minha mãe sempre me avalizava, ainda com medo do que iriam virar as minhas ideias, pois era tudo muito novo, uma vez que o único sustento de casa sempre veio trabalhando como empregada e não como empresária – o que me levaria a correr mais riscos. Com os poucos investimentos, minha clientela foi aumentando e resisti às dificuldades que foram surgindo.

Lembro-me bem de que precisava aumentar o salão, mas, a princípio, o meu pai se opôs à ideia, já que teria que usar o terreno da nossa casa. Naquela ocasião, fiquei muito triste, mas entendi a razão dele, até que um dia ele me chamou e me levou para a frente do terreno e me questionou se ali daria para montar o salão. A minha alegria foi muito grande. Ele não só cedeu o espaço, como praticamente construiu o salão para mim. Então, tive que fazer vários outros empréstimos, mas valeu a pena, pois ali começava uma nova etapa na minha vida.

A minha clientela aumentou em pouco tempo e logo tive que ampliar o salão, contratei auxiliares, me reciclei constantemente e foi um período que usei para investir muito no meu negócio. E, claro, me entreguei completamente ao trabalho, enquanto ouvia das pessoas: "Trabalha tanto e não tem nada?".

Mas, claro, essas situações fazem parte da vida de um empreendedor que tem sonho, mas não tem dinheiro. Vamos escutar de tudo um pouco mesmo, afinal, os sonhos são nossos e não dos outros. Nesse momento, acredito que o apoio da família e de amigos é fundamental, mas, na realidade, nem sempre é isso que acontece.

Eu nunca parei de estudar, queria ter um curso superior na área da beleza, mas não existia em Goiânia, então continuei estudando. Fiz vários minicursos, até que, um dia, uma grande amiga me ligou e disse que o curso que eu tanto queria havia sido aberto em Goiânia e, mais do que depressa, me inscrevi.

Estava ali, após 15 anos sem estudar, fazendo um curso superior. A minha formação também não foi um mar de rosas, a começar pelo preconceito racial de colegas e professores, que acreditavam que eu não fosse competente o suficiente para executar uma disciplina, porém eu contornava com sabedoria, juntamente com as dificuldades financeiras, assim consegui me formar em Gestão da Beleza e Estética e Cosmética.

Por outro lado, vinha o preconceito dentro do meu próprio salão. Muitas clientes chegavam, passavam por mim como se eu não fosse ninguém e até me perguntavam quem era a proprietária, mesmo eu ali, as recebendo tão bem. Podemos até achar que isso é normal, mas não podemos deixar que seja comum que o ser humano continue a julgar a nossa competência pelo nosso estereótipo, cor de pele, raça, condição social. Logicamente, eu sempre me posicionei com cada situação que acontecia, de forma bem simples e profissional, afinal, de que valeria tanto estudo, se não fosse para usá-lo com sabedoria?

Eu acredito que o empreendedorismo sempre esteve dentro de mim, apesar de eu não ser o estereótipo perfeito criado pela sociedade para se tornar uma grande empresária, uma pessoa de sucesso. Como uma mulher negra, com aparência frágil e de família pobre poderia ter seu próprio negócio e um futuro promissor? Bom, ainda bem que tudo que escutei de negativo na minha vida só me deu força para seguir em frente e alcançar o que eu queria, de cabeça erguida.

Eu sabia que, se estudasse, seria capaz. Não tinha dinheiro, não tinha o padrão de beleza desejado para ser aceita, mas tinha um sonho. E como dizia Walt Disney: "Se você pode sonhar, você pode realizar!". Eu acreditei primeiramente em Deus e acreditei em mim e, assim, a minha história começou a mudar.

Para empreender é preciso sonhar, ter força, foco e fé. O sonho de ser grande nasce primeiramente no coração. Podemos começar pequenos, mas a nossa visão precisa ser maior, precisa ser ampla. A construção é diária, entre altos e baixos, às vezes teremos mais baixos do que altos, mas o sonho toma a mente novamente, as forças se renovam, o foco é mantido e a fé nos sustenta.

Hoje, posso dizer que desenvolvi um trabalho não somente estético capilar, mais de reconhecimento da autoestima, da história de um povo negro, o qual dentro de toda uma problemática e história luta por um reconhecimento humanitário.

Empreender não é fácil, mas é possível, precisa ser renovado diariamente e na minha vida não foi diferente. Empreender é acordar todos os dias com uma nova visão para o negócio. É olhar para a frente e o reconhecimento virá. Como proprietária do Kiras Cabelos Poderosos, alcancei o reconhecimento no mercado e estou com quase 20 anos na área da beleza, cumprindo a minha missão, que não é só embelezamento, mas de empoderamento e reconhecimento de identidade.

Ver e ouvir como as mulheres entram e como saem depois da transformação é algo mágico e que vai além de seus cabelos. Escutar que elas tiveram a vida mudada, que não gostavam do cabelo, de tanto *bullying* que sofreram, e que o meu salão é um lugar que renova a autoestima, que tinham que tê-lo encontrado antes, realmente me traz o sentimento de que eu fiz a melhor escolha e que valeu a pena passar por tudo o que passei.

    Conquistamos o reconhecimento de um trabalho sonhado e elaborado, temos visibilidade em nossa cidade e, em outros estados, estamos colocando no mercado uma nova linha de cosméticos, faremos a nossa primeira feira internacional para apresentar esse trabalho feito com muita dedicação. Eu costumo acreditar na transformação do ser humano e ouvir a voz que me impulsiona e que vem do Espírito Santo de Deus, força que vem de Jesus, o maior empreendedor já visto.

    Se você quer empreender, primeiramente se liberte do que os outros vão dizer e ouça o seu coração. Ser empreendedor é ser livre para agir, corajoso para mudar, forte para recomeçar, valente para lutar e ser feliz, pois assim você conseguirá fazer outras pessoas felizes também, a nossa missão não é imposta, ela é proposta.

    A sua escolha depende de você ou da opinião de outras pessoas? Descubra o que há de mais bonito e use isso em seu favor. Jamais desista, seja qual for a sua raça ou origem. Use sua força interior, use a sua fé para vencer e você chegará lá. Somos mais do que cabelos e cor, somos livres para criar a nossa própria história.